신인류

음식물의 소화와 배설

1장 - 소화와 소화기관

- 04. 뱃속에서 왜 꼬르륵 소리가 나는 거야?
- 06. 우리에게 필요한 칼로리의 양은?
- 08. 헬리코박터균은 위벽에 살고 있다는데?
- 10. 토한 뒤에 목구멍이 아픈 이유는?
- 12. 야채가 비타민 천국이라는데?
- 14. 식중독은 왜 여름철에 잘 걸리는 걸까?
- 16. 똥은 어떻게 나오는 걸까?
- 18. 똥을 보면 우리의 건강 상태를 알 수 있다는데?
- 20. 긴장을 하면 왜 화장실에 자주 가게 될까?
- 22. 왜 변비에 걸리는 거야?
- 24. 설사를 하게 되는 이유는?
- 26. 항문이 가려운 이유는 요충 때문이라는데?
- 28. 충수를 떼어내도 생명에는 지장이 없다는데?
- 30. 해독 작용에는 간이 가장 큰 역할을 한다는데?
- 32. 대범한 사람이 정말 간이 클까요?

2장 - 배설

- 34. 오줌을 누고 나서 몸을 떠는 이유는?
- 36. 소금기가 부족하면 피로해진다는데….
- 38. 물도 잘 마셔야 보약이 된다는데?
- 40. 스포츠 음료를 운동선수들이 마시는 이유는?

우리 몸의 작용

3장 - 혈액과 순환

- 42. 피는 왜 붉을까요?
- 44. 피가 나오다 굳는 이유는?
- 46. RH 양성의 피를 RH 음성인 사람에게 수혈할 수 없다는데?
- 48. 내 이마에 혹이 생겼어!
- 50. 얼굴이 붉어지는 이유는?
- 52. 굴이 피를 맑게 해주다니?
- 54. 모기에게 물리면 왜 가려울까요?
- 56. 공포의 에이즈(AIDS)란 무엇인가?

4장 - 호흡과 호흡기관

- 58. 헉헉 왜 숨이 차는 거야?
- 60. 꽃가루 때문에 재채기가 나오다니?
- 62. 하품이 나오는 이유는?
- 64. 딸꾹질을 멈추려면?
- 66. 쥐한테 물리면 안 되는 이유는?
- 68. 공포의 괴질 사스란 무엇인가?

우리 몸의 모양과 하는 일

5장 - 입과 치아

- 70. 앞니가 칼이라는데 왜 그럴까?
- 72. 치석이란 무엇인가?
- 74. 혀가 맛을 알 수 있는 이유는?
- 76. 앗! 입술이 부르텄네. 피곤해서 그런 걸까?
- 78. 벌레에 물렸는데 왜 침을 바르는 거야?
- 80. 목소리는 왜 쉬는 걸까?

6장 - 뇌

- 82. 사람이 병에 걸리면 열이 나는 이유는?
- 84. 머리가 똑똑한 사람은 뇌도 더 무거울까?
- 86. 뇌파를 끼고 자면 정말 머리가 좋아질까?
- 88. 사람들이 술에 취하면 왜 비틀거리는 걸까?
- 90. 뜨거운 걸 잡고 나면 손이 왜 귀로 가는 거야?
- 92. 광우병이 인류를 위협한다는데?

7장 - 귀와 청각

- 94. 우리가 귀로 소리를 듣는 이유는?
- 96. 귀가 멍해지는 까닭은?
- 98. 녹음된 자기 목소리가 다르게 들린다는데?
- 100. 귀지는 왜 생기는 걸까?

8장 - 눈과 시각

- 102. 갑자기 어두운 곳에 갔을 때 잘 안 보이는 까닭은?
- 104. 눈은 둘인데 물건이 하나로 보이는 것은?
- 106. 눈물은 어디서 나오는 거야?
- 108. 눈썹은 어떤 역할을 하는가?
- 110. 눈곱은 왜 낄까요?

우리 몸의 모양과 하는 일

9장 - 코와 후각
112. 자면서 코를 고는 이유는?
114. 콧물은 어디에서 만들어지는 걸까?
116. 코털이 오염된 공기를 거르는 필터라니?

10장 - 피부와 촉각
118. 지문이 똑같은 사람이 있을까?
120. 햇볕에 피부가 검게 타는 이유는?
122. 피부에는 감각점이 있다는데?
124. 아토피성 피부염이란 무엇인가요?
126. 여드름이 생기는 이유는?
128. 화상을 입으면 물집이 생긴다는데?
130. 물사마귀란 무엇인가?
132. 닭살이 돋는다는 게 무슨 말이지?
134. 상처에 소독약을 바르면 왜 거품이 나는 걸까?

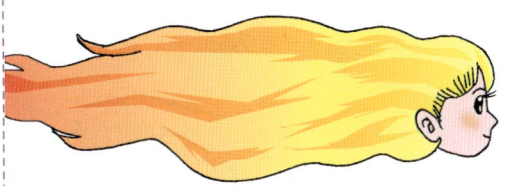

11장 - 머리카락과 털
136. 머리카락은 왜 빠지는 걸까?
138. 비듬을 오래 두면 피부병이 된다는데?

12장 - 손과 다리
140. 사람의 손가락 길이는 왜 모두 다를까?
142. 오른손잡이가 더 많은 이유는?
144. 나도 모르게 왜 다리를 떨고 있는 걸까?

세포와 운동

13장 - 세포와 DNA
146. 우리 몸의 가장 작은 물질이 세포라는데?
148. 핵속의 'DNA'는 어떤 일을 하는 걸까?

14장 - 뼈와 근육
150. 할머니가 되면 왜 키가 줄어드는 거야?
152. 설탕은 뼈를 약하게 한다는데?
154. 스트레스가 쌓이면 키가 안 큰다는데?

아기와 건강한 생활

15장 - 귀여운 아기
156. 엄마 뱃속에 있는 아기는 어떻게 숨을 쉬나?
158. 아기가 침을 많이 흘리는 이유는?

16장 - 감기
160. 왜 감기에 걸리는 걸까?
162. 감기와 독감은 다르다는데?

17 - 건강한 생활, 노화
164. 잠은 왜 꼭 자야만 할까?
166. 우리의 건강을 잠자는 모습을 보고도 알 수 있다는데?
168. 비만은 정말 끔찍해!
170. 암을 예방하는 된장?
172. 마늘이 노화 예방에 최고라는데?

174. (부록) 우리 몸을 튼튼하게 해주는 음식들

1-소화와 소화기관 4

뱃속에서 왜 꼬르륵 소리가 나는 거야?

여러 사람이 모여 조용한 분위기 속에서 중요한 의논을 하고 있는데 갑자기 뱃속에서 "꼬르륵"하는 소리가 난다면 매우 쑥스럽고 난처할 거예요.

소리는 위 속에서 나오는 것으로 위 속의 공기와 위액이 움직여서 소리를 내는 것이랍니다. 음식이 식도에서 위 속으로 들어오면 위에서 위액이 분비돼 음식을 분해하게 되는데 이와 동시에 분문(식도에서 위로 이어지는 곳)에서 유문(위에서 십이지장으로 이어지는 곳)에 이르는 위 안에서 연동운동(꿈틀거리는 운동)을 시작합니다.

이 운동은 음식이 위에 들어왔을 때뿐만이 아니라 위가 비어 있어도 먹을 것을 본다든지, 냄새를 맡는다든지 하는 것만으로도 운동을 시작합니다.

3 뱃속에서 꼬르륵 소리가 나는 것은…

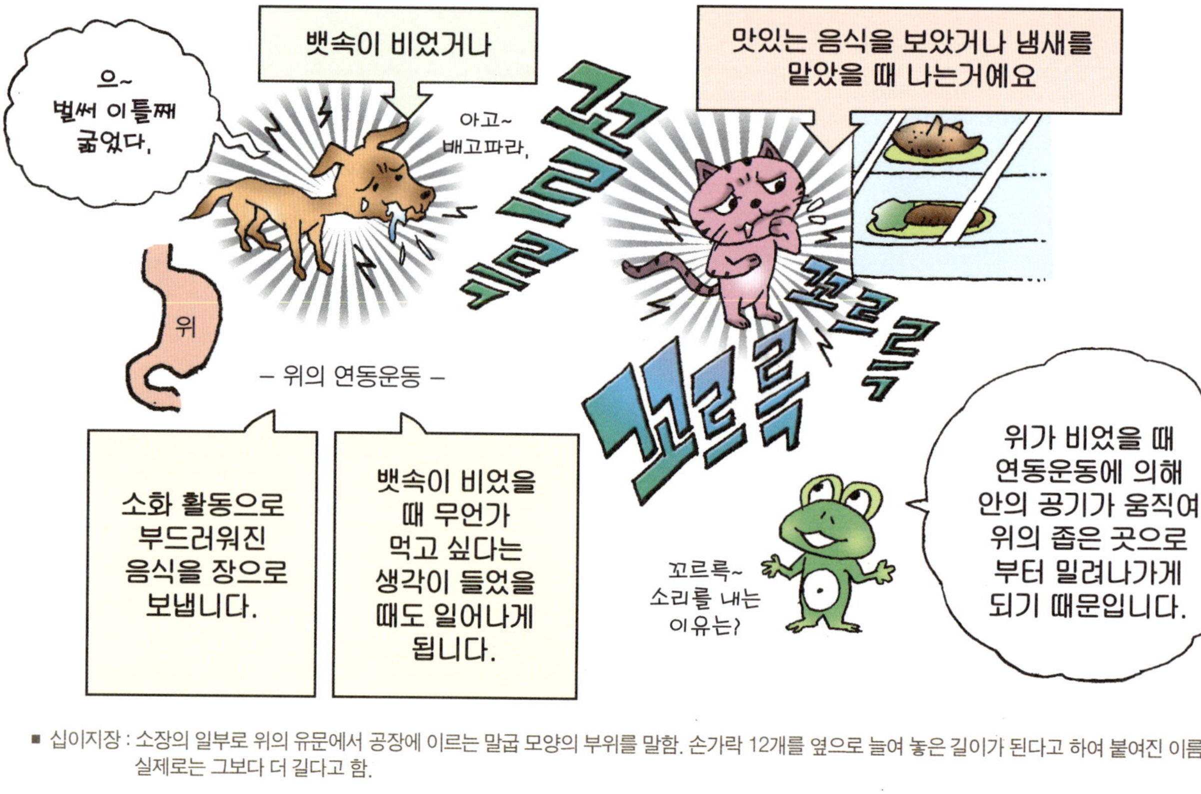

- 위의 연동운동 -

으~ 벌써 이틀째 굶었다.

뱃속이 비었거나

아고~ 배고파라.

맛있는 음식을 보았거나 냄새를 맡았을 때 나는거예요

꼬르륵~ 소리를 내는 이유는?

위가 비었을 때 연동운동에 의해 안의 공기가 움직여 위의 좁은 곳으로부터 밀려나가게 되기 때문입니다.

소화 활동으로 부드러워진 음식을 장으로 보냅니다.

뱃속이 비었을 때 무언가 먹고 싶다는 생각이 들었을 때도 일어나게 됩니다.

■ 십이지장 : 소장의 일부로 위의 유문에서 공장에 이르는 말굽 모양의 부위를 말함. 손가락 12개를 옆으로 늘여 놓은 길이가 된다고 하여 붙여진 이름. 실제로는 그보다 더 길다고 함.

이것은 위의 활동을 지배하는 자율신경과 먹을 것을 보고 "맛있겠는데"라든가 "진짜 먹고 싶다"라고 느끼는 감정 중추가 뇌 속에서 이웃하고 있어서 영향을 받아 일어나는 현상 때문이지요.

다시 말해 감정 중추가 자극을 받아 위 활동이 시작되고 비어 있는 위에서 연동운동이 일어나면 공기가 위에서 이동하게 되는데 이때 나는 소리가 바로 "꼬르륵"이랍니다.

배가 고프지 않을 때도 소리가 날 수 있는데 이것은 식사할 때 음식과 함께 들어간 공기가 연동운동을 할 때 움직이기 때문입니다.

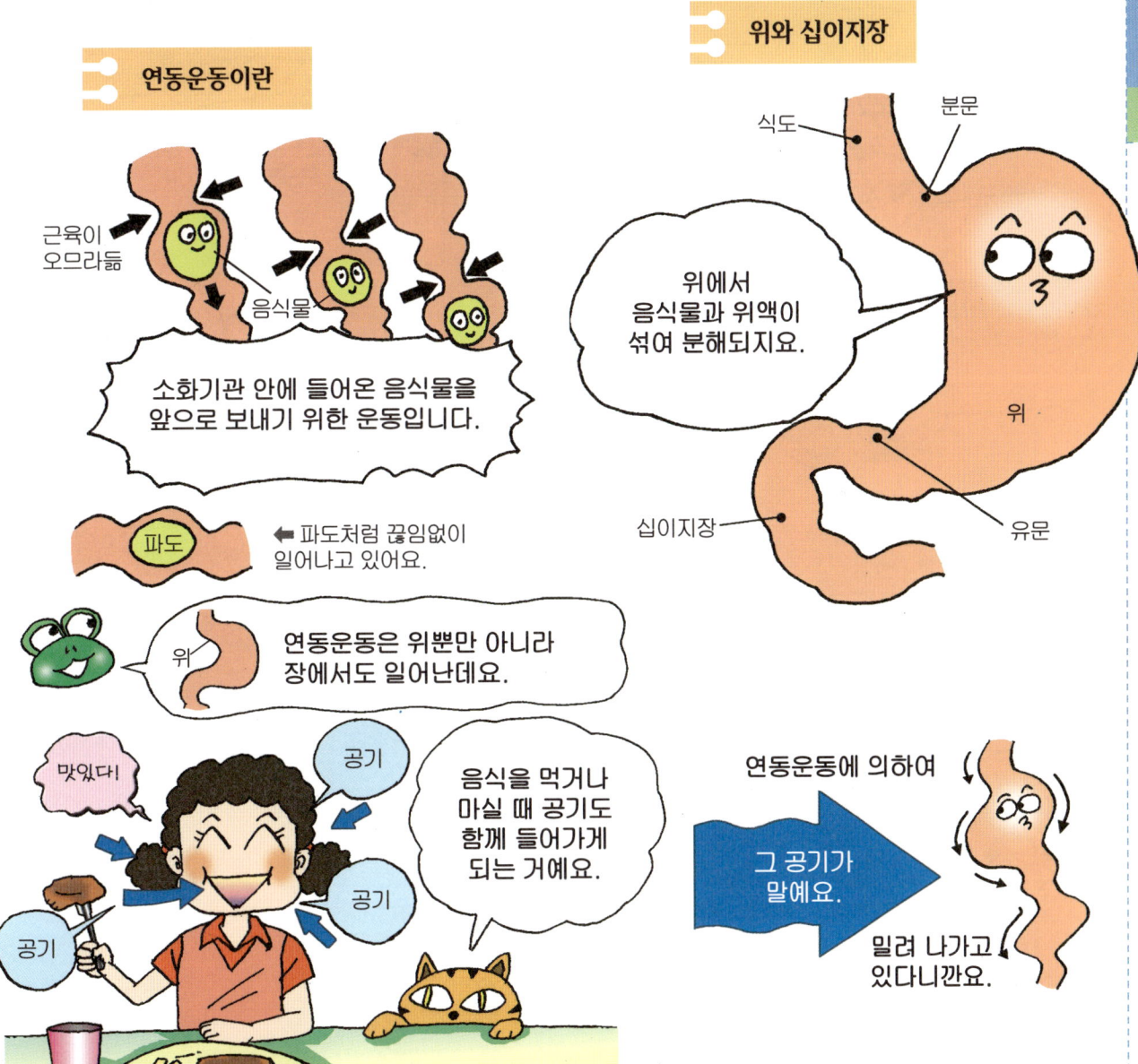

우리에게 필요한 칼로리의 양은?

우리가 먹은 음식물은 몸속에서 변화하여 열이나 힘이 되는데 이때 생기는 열과 힘의 양을 칼로리로 나타냅니다.

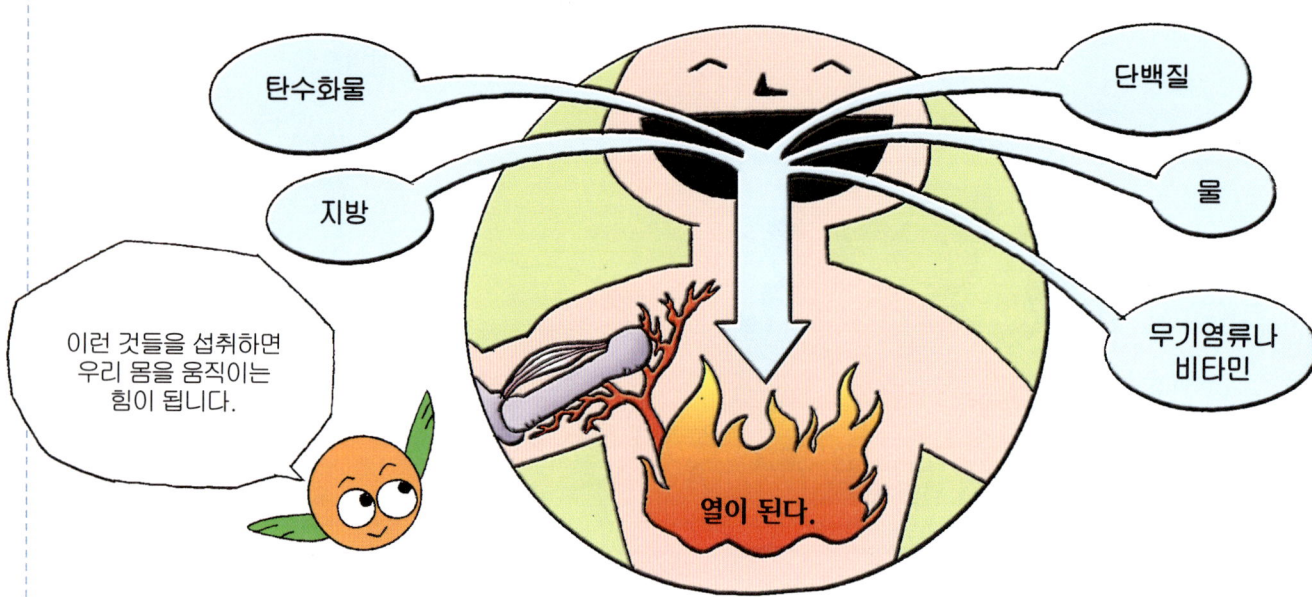

영양학에서 1칼로리란 1kg의 물의 온도를 섭씨 1도만큼이나 높이는 데 필요한 열의 양을 말합니다.

칼로리의 바탕이 되는 영양소는 탄수화물, 지방, 단백질 등 3가지가 있는데 이것을 열량소라고 합니다. 똑같은 1kg의 영양소에서 탄수화물과 단백질은 약 4칼로리, 지방에서는 약 9칼로리의 열을 냅니다. 이것으로 보아 알 수 있듯이 지방은 탄수화물이나 단백질에 비해서 2배가 넘는 열을 내지요.

■ 하루 섭취 열량 구하는 법 : (7-12세 어린이)
자신의 나이에 100을 곱한 뒤 1,000을 더해서 나오는 숫자가 하루에 섭취해야 할 열량입니다.
■ 간식 및 외식 음식의 칼로리 :
피자 1쪽(256칼로리), 햄버거 1개(640칼로리), 프라이드 치킨 1쪽(210칼로리), 라면 1개(500칼로리), 자장면 1인분(660칼로리), 감자 튀김 1인분(230칼로리), 핫도그 1개(280칼로리), 콜라·사이다 1캔(100칼로리)

잠잘 때는 1.0칼로리가 필요합니다.

앉아 있을 때는 1.4 칼로리가 필요합니다.

학교에 갈 때는 2.8칼로리가 필요합니다.

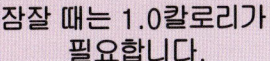 아가는 데에는 열이나 힘의 바탕이 되는 칼로리가 꼭 필요합니다. 하루에 얼마만큼의 칼로리가 필요하느냐는 경우에 따라 일정하지 않지만 힘든 일을 하는 사람에게는 칼로리가 많이 필요하겠지요. 움직이지 않고 잠을 잘 때에는 칼로리의 소비량이 가장 적게 듭니다. 잠을 자고 있을 때에는 칼로리가 염통 또는 숨을 쉬기 위해 힘살을 움직이는 데만 쓰여지고 체온을 일정하게 유지하기 위한 열로 쓰인답니다.

그리고 겨울에는 여름보다 더 많은 칼로리를 섭취해야 하며, 연령으로 볼 때 한창 자라는 아이와 다 자란 어른과는 몸무게 1kg마다 필요한 칼로리의 양의 차이가 매우 큽니다.

청소할 때는 2.4 칼로리가 필요합니다.

물건을 나를 때는 4.4칼로리가 필요합니다.

일을 할 때에는 6.4 칼로리가 필요합니다.

1-소화와 소화기관

헬리코박터균은 위벽에 살고 있다는데?

1982년 호주의 두 의사가 최초로 헬리코박터 파이로리균을 발견했는데, 이 균은 강한 염산에서도 잘 사는 특이한 균으로 세상에 알려지게 됐지요.

헬리코박터균은 S자형으로 위 안에 존재하지만 경우에 따라서는 C자형이나 I형 그리고 O자형 등 다양한 모습으로 변신하기도 한답니다.

위는 소화기관 중에서 가장 불룩하고 힘 있게 움직이는 곳으로 식도와 샘창자(십이지장) 사이에 있습니다.

위의 모양은 J자 모양의 자루처럼 생겼으며, 위벽에서는 강한 염산이 분비되고 위 안은 강한 산성이기 때문에 음식물과 함께 들어온 각종 미생물인 세균과 곰팡이를 죽일 수 있답니다.

그러나 우리의 나쁜 식사 습관이나 스트레스 때문에 너무 많은 위산을 분비시켜 소화불량이나 위벽 자체를 분해하는 위궤양을 일으킬 수 있으므로 주의해야 합니다.

우리의 나쁜 식사습관과 스트레스는

너무 많은 위산을 분비시킵니다.

어머, 너무 빨리 먹고 많이 먹는다.

소화불량이나 위궤양을 일으킬 수 있기 때문에 주의해야 합니다.

그리고 강산(강한 산성) 상태에서 음식물이 본격적으로 소화되면서 대부분의 단백질이 소화되고, 강한 염산은 음식물 속의 세균을 죽이기도 하지만 단백질 분자의 구조를 변형시켜 소화 효소인 펩신에 의하여 소화되는 것을 도와주게 된답니다.

위벽에 찰싹 달라붙어 사는 **헬리코박터균**은 일반 자연계에선 다른 세균에 비해 생존경쟁에서 이길 힘은 약하지만, 사람의 위에서만큼은 다른 세균이나 곰팡이보다는 매우 유리하지요. 우리나라 성인 중 약 70%의 위 안에는 헬리코박터균이 살고 있답니다.

병원을 다녔는데도 이 균을 없애지 못했다면 윌(유산 음료)을 하루에 한 개씩 한 달 정도만 먹어주면 헬리코박터균을 없애는 데 큰 도움이 될 거예요.

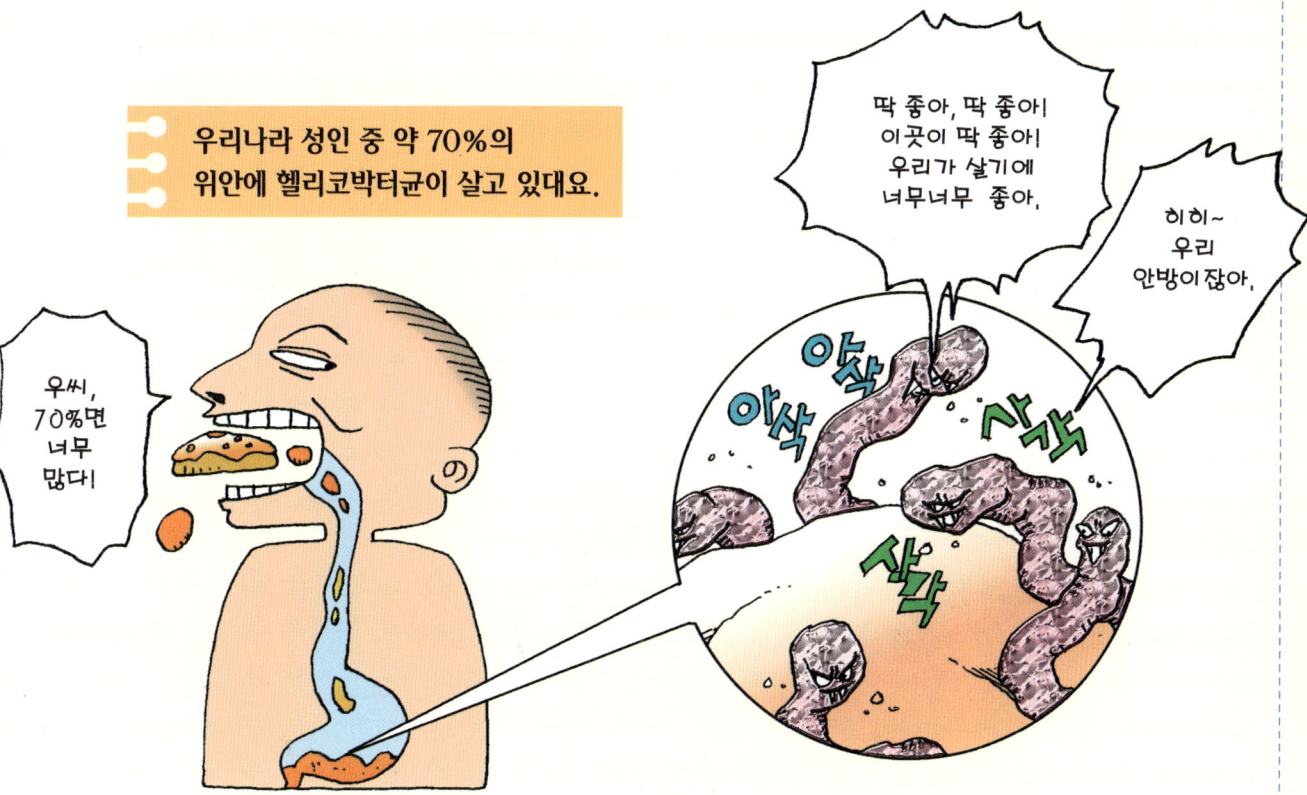

■ 헬리코박터균 : 요소 분해효소를 생성하는 것이 특징이며, 체내에서는 위 상피세포에서만 발견됨. 감염률은 저개발국에 많으며 나이가 많을수록 높음.

I - 소화와 소화기관

토한 뒤에 목구멍이 아픈 이유는?

토하기 전에는 위벽이 자극을 받게 되므로 토한 것에는 평소보다 훨씬 더 많은 점액이 들어 있습니다.
그리고 토한 것에는 음식물을 분해하는 역할을 하는 매우 강한 위산도 있습니다.

위 산은 염산이 매우 강한 산으로서 스테인리스 스틸로 된 면도날도 녹일 수 있습니다. 위산은 점액이나 음식물과 섞여 묽어지고 위액은 부수고 자르는 일을 하며 목구멍으로 튀어 나올 때도 그 일을 계속 합니다. 그래서 토한 뒤에 목구멍이 아픈 것입니다.

구토의 원인에는 여러 가지가 있습니다. 연령에 따라서도 다양한 증상이 나타나게 되는데 태어난 지 2주부터 만 2세에 해당하는 영아기에는 위장염이나 **위 식도 역류**, 과식, 뇌압 상승 등으로 구토를 자주하게 되지요. 또 소아기에는 위장염, 심한 기침, 간염 등이 구토의 주원인이 된답니다.

구토는 병이 아니라 원인에 의한 증상이에요.

태어난 지 만 2주부터 2세의 영아기에 구토를 하는 것은

위장염이나 위 식도 역류, 과식, 뇌압 상승 등이 원인입니다.

그리고 소아기에 구토를 하는 것은 위장염, 심한기침, 간염 등이 주요원인 이랍니다.

계속 토하면 위와 목구멍 그리고 입이나 이 모두가 상할 수 있으니 주의하세요.

그러나 일부러 토하는 것은 좋지 않습니다. 학교에 가기 싫다고, 시험을 치르기 싫다고, 살을 빼겠다고 억지로 토하는 것은 멍청하고 아주 위험한 일입니다. 계속 토하게 되면 여러분의 위와 목구멍 그리고 입이나 이가 모두 상할 수 있으니까요.

구토를 하지 않으려면 음식물을 조심해서 가려 먹고 너무 많이 먹지 않도록 해야 합니다.

일단 구토가 시작되면 한동안 아무것도 먹지 말아야 하고 구토가 멈춘 다음에는 얼음덩어리를 입에 물고 조금씩 빨아 먹거나 포도당 용액, 물, 주스 등을 한두 숟가락만 먹습니다. 그리고 간격을 두어 차츰 양을 늘립니다.

또한 구토를 하면 몸의 수분이 빠져나가므로 탈수 증상이 나타나지 않도록 신경을 써야 한답니다.

■ 위 식도 역류 : 역류성 식도염. 위와 식도 사이에는 위의 내용물이 식도로 올라오지 못하도록 하는 괄약근이 있습니다. 위 속의 내용물이 가끔 식도를 통하여 입으로 나오는 경우가 있는데 이것이 바로 구토입니다.

1-소화와 소화기관

야채가 비타민 천국이라는데?

미국의 R 토리스 박사가 폐암 환자들의 1년간 식사 내용을 조사해 본 결과 건강한 사람에 비해 녹황색 야채와 과일의 섭취량이 극단적으로 적었다고 밝혔습니다.

한 암 노화 예방연구소의 연구에 의하면 야채를 매일 먹는 사람은 다른 사람에 비해 사망률이 낮고 질병에도 잘 걸리지 않는데다 노화 속도가 10년은 늦추어진다는 사실을 밝혀냈다고 합니다. 요즘은 음식문화가 잘 발달하여 여러 가지 음식을 먹을 수 있습니다.

그러나 우리는 음식에 의하여 몸의 균형을 망치기도 하고 병에 걸리는 경우도 많답니다. 음식에서 얻은 영양소 가운데 우리 몸에 꼭 필요하면서 부족하기 쉬운 것이 바로 비타민이지요. 비타민 종류에는 A, B_1, B_2, C, D 등이 있는데 주로 야채류에 많습니다.

야채에는 **비타민**이 풍부해요.

비타민 A가 부족하게 되면…
야맹증에 걸리기 쉬워요.

비타민 B가 부족하게 되면…
키가 잘 자라지 못해요.

비타민 C가 부족하게 되면…
피가 잘 나고 괴혈병에 걸리기 쉬워요.

비타민 A는 주로 녹황색 야채나 간 등에 많이 포함되어 있는데 비타민 A는 점막을 윤택하게 하여 보호하는 작용을 합니다. 그래서 감기에 걸렸을 때 바이러스나 세균에 감염된 점막을 회복하려면 비타민 A를 먹으면 치료하기가 쉽다고 합니다.

푸른 야채나 과일에 주로 많은 비타민 C는 세포와 세포를 잇는 콜라겐이라는 단백질을 만드는 역할을 합니다. 콜라겐이 부족하면 바이러스가 세포 안으로 침입하기 좋은 환경을 만들어주어 병에 걸리는 확률이 높습니다. 또한 비타민 C는 스트레스를 해소시켜 주는 데도 큰 도움을 줍니다.

그리고 건강을 오랫동안 잘 지키기 위해서는 비타민 B가 많이 들어 있는 돼지고기나 고등어, 정어리, 우유 및 육류나 생선 등도 골고루 섭취해야 한답니다.

일등 채소들을 살펴보면

- 녹황색 야채에는 카로틴이 풍부해요 -

카로틴이 100g 중 **0.6mg 이상** 포함된 것이 **녹황색 야채**에요!

식중독은 왜 여름철에 잘 걸리는 걸까?

장마철인 여름에는 온도가 높고 습도도 올라가기 때문에 세균들이 살기에는 매우 좋은 환경이 됩니다.
세균들이 잘 번식하게 되면 음식도 쉽게 상하게 됩니다.
우리도 모르는 사이에 상한 음식을 먹게 되면 식중독에 걸리는 것이지요.

세균은 해산물이나 쇠고기, 우유나 어패류 등을 좋아하는데 식중독을 일으키는 세균은 온도가 높으면 아주 빠른 속도로 번식합니다. 그리고 수도꼭지의 손잡이, 도마, 행주 등에 많이 살고 있습니다.

우리나라 인구의 50%가 손에 포도상 구균이 묻어 있다는데 특히 여름철에 상처가 난 손으로 음식을 만들게 되면 이 포도상 구균이 음식 속에 들어가 식중독을 일으키게 되지요.

파리와 바퀴벌레의 발에 묻어 있는 많은 세균들은 해충들이 우리가 먹는 음식을 훔쳐 먹은 뒤에 퍼트리고 가기도 하기 때문에 항상 주위 환경을 깨끗이 해야 합니다.

■ 자연독 식중독 : 세균의 감염에 의한 식중독이 아니라 동물이나 식물성 자연식품이 가지는 고유한 독성물질 때문에 생기는 병. 복어, 모시조개, 섭조개, 독버섯 등을 먹었을때 발생하며 생길 확률은 작지만, 사망률은 아주 높은 편임.

특히 장마철에 활개 치는 5대 세균을 살펴보면

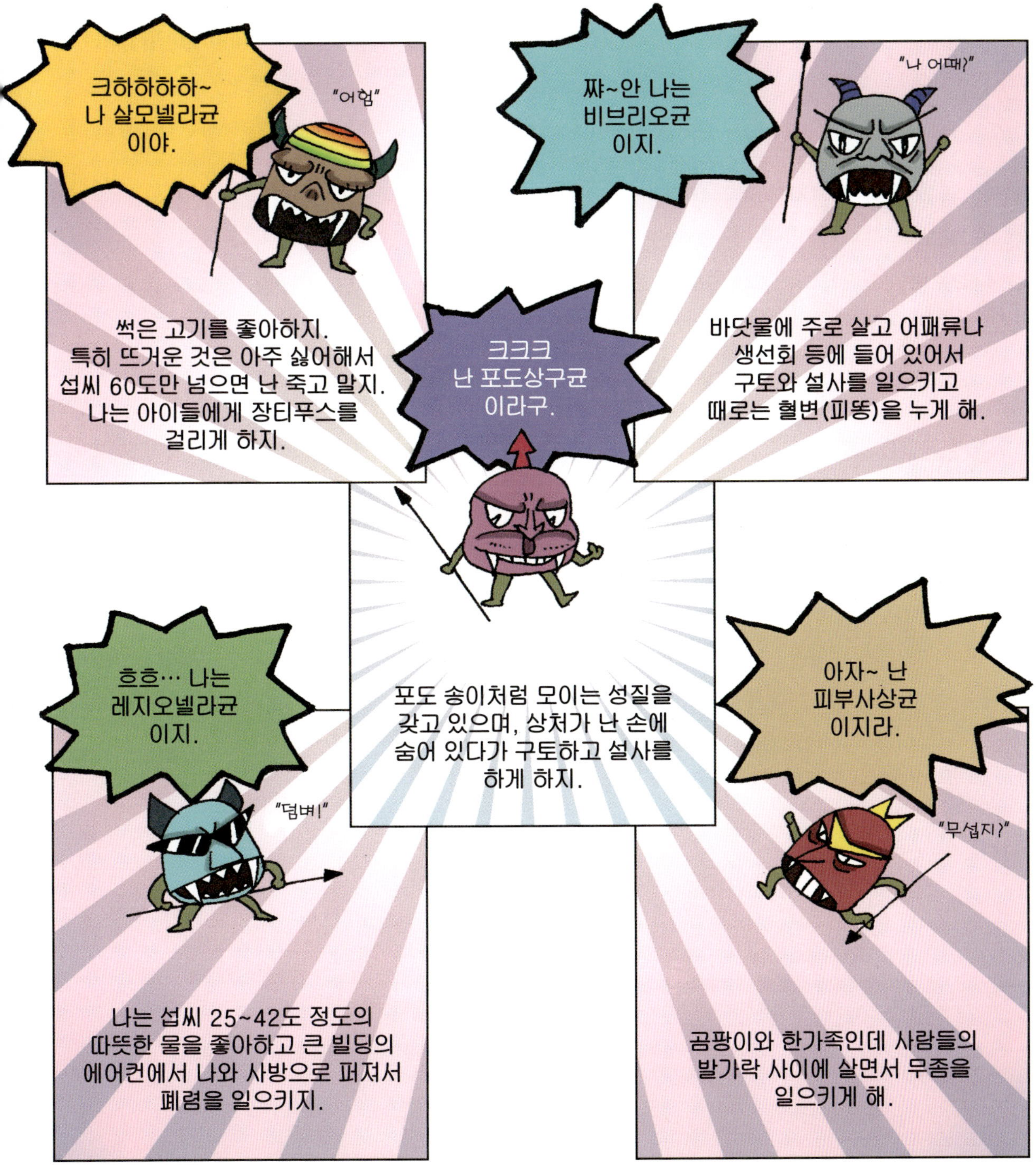

크하하하하~ 나 살모넬라균이야.

"어험"

썩은 고기를 좋아하지. 특히 뜨거운 것은 아주 싫어해서 섭씨 60도만 넘으면 난 죽고 말지. 나는 아이들에게 장티푸스를 걸리게 하지.

쨔~안 나는 비브리오균이지.

"나 어때?"

바닷물에 주로 살고 어패류나 생선회 등에 들어 있어서 구토와 설사를 일으키고 때로는 혈변(피똥)을 누게 해.

크크크 난 포도상구균이라구.

포도 송이처럼 모이는 성질을 갖고 있으며, 상처가 난 손에 숨어 있다가 구토하고 설사를 하게 하지.

흐흐… 나는 레지오넬라균이지.

"덤벼!"

나는 섭씨 25~42도 정도의 따뜻한 물을 좋아하고 큰 빌딩의 에어컨에서 나와 사방으로 퍼져서 폐렴을 일으키지.

아자~ 난 피부사상균이지라.

"무섭지?"

곰팡이와 한가족인데 사람들의 발가락 사이에 살면서 무좀을 일으키게 해.

1 - 소화와 소화기관

똥은 어떻게 나오는 걸까?

몸에 필요한 것을 몸 속으로 들여보내는 대신에 필요 없는 것은 몸 밖으로 보내게 되는데 이것이 **똥**입니다.

우리들의 몸이 건강할 때는 매일 똥이 나오는데 변비 등이 있을 때에는 똥이 잘 나오지 않을 때도 있습니다. 똥을 참게 되면 대장에 가스가 차서 배가 팽팽해지거나 대장 속의 수분이 없어져서 딱딱해지므로 간혹 **치질**의 원인이 되기도 하지요. 건강한 생활을 위해 식물성 섬유를 충분히 섭취해 매일 똥을 누는 것이 좋답니다.

음식물은 입으로 들어가서 항문으로 나오기까지 약 10m 거리를 24시간에 걸쳐 여행을 합니다. 음식물의 성분을 크게 3가지로 나누면 영양분, 수분, 찌꺼기 등입니다.

식도를 거쳐 위로 들어간 음식물은 위액과 섞여 분해되면서 죽 상태로 되어 작은창자로 보내집니다. 작은창자의 혈관에서는 영양분을 흡수하고 찌꺼기와 수분은 대장으로 보내지요. 직장의 바로 앞까지 운반된 똥의 양이 늘어나면 무게 때문에 직장 안으로 들어가는데 그 정보는 대뇌에 전해져 똥을 내보내라는 명령을 내린답니다.

그러나 똥은 꼭 우리가 먹는 음식물의 찌꺼기로만 되어 있는 게 아니라 장 안에 번식하고 있는 세균이나 위장의 분비물 그리고 백혈구나 장의 벽에서 떨어진 세포 등도 많이 포함되어 있어요. 똥 특유의 냄새는 장 안의 세균작용에 의한 것이랍니다.

- 평생동안 우리는 10~20톤의 똥을 몸 밖으로 내보냅니다.
- 치질 : 치핵이라고도 하며 우리나라나 일본을 비롯하여 동남 아시아 사람들에게서 흔히 볼 수 있는 병임. 그 원인으로 섬유성 식품을 많이 섭취함으로써 배변량이 많기 때문임.
- 건강검진 때 대변검사를 하는 이유 : 소화기 질병을 진단하는 데 아주 유용함. 즉 양, 횟수, 빛깔, 모양, 냄새를 조사하는 이외에도 현미경으로 성분검사를 하거나 기생충 알 검사를 할 수 있기 때문임.

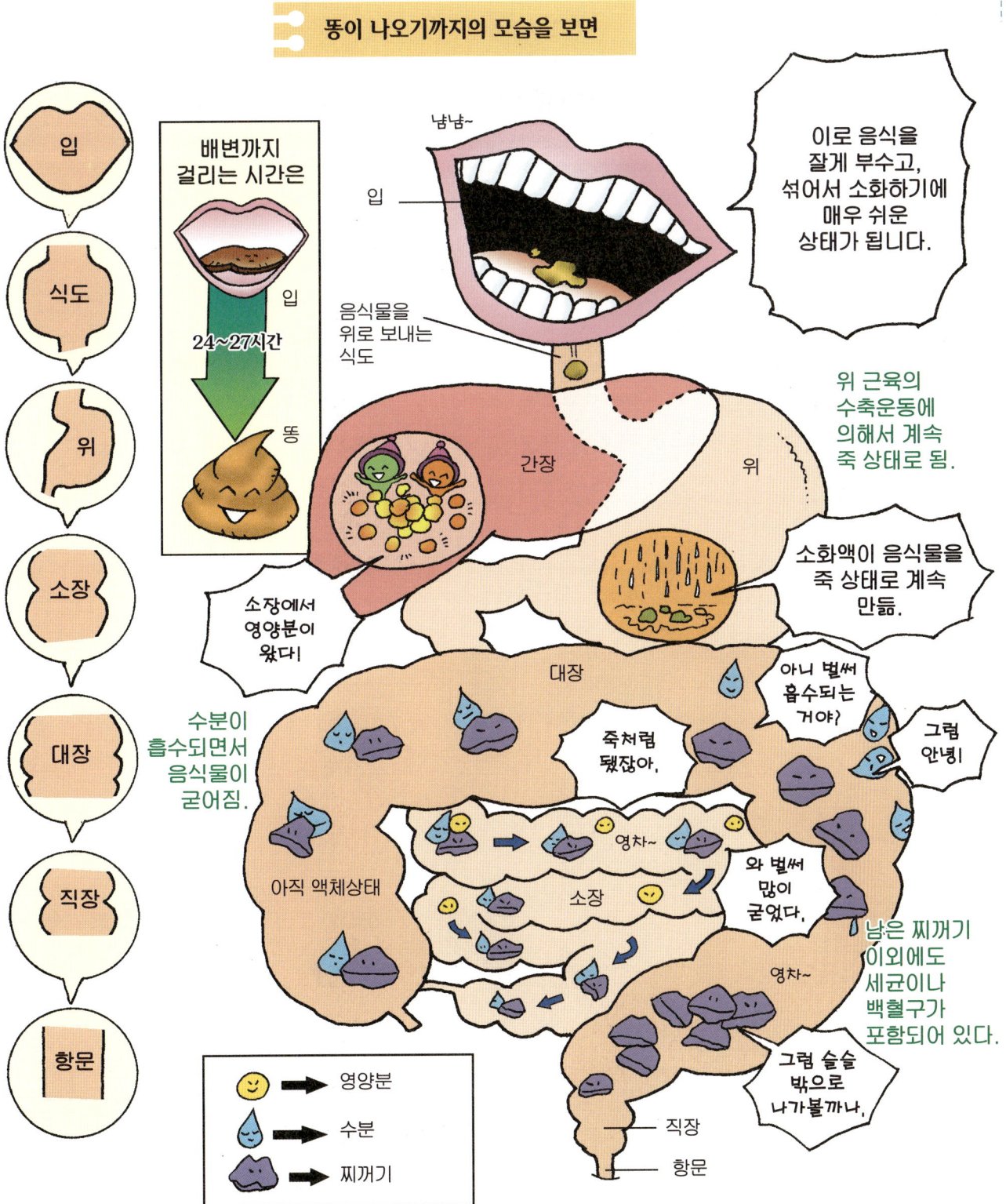

I-소화와 소화기관

똥을 보면 우리의 건강 상태를 알 수 있다는데?

우리 몸에서 나오는 똥의 종류를 살펴보면 갈색 똥, 검은색 똥, 붉은색 똥, 방울 똥, 바나나 똥, 아이스크림 같은 똥, 약간 묽은 똥, 너무 된 똥, 변비 똥, 설사 똥, 피똥 등이 있습니다.

정말 여러 가지 똥이 있지요? 우리의 몸에서 필요 없는 물질을 몸 밖으로 내보내는 것이 바로 똥인데 우리가 먹은 음식물의 찌꺼기뿐만 아니라 장 안에 번식하고 있는 세균이나 위장의 분비물, 백혈구, 장의 벽에서 떨어진 세포 등도 많이 포함되어 있답니다.

똥의 양과 횟수는 음식물의 종류, 분량, 소화 흡수 상태에 따라 다르지만, 대개 하루에 100~200g으로 한 번 배설하는 것이 일반적입니다.

똥으로 건강 상태를 진단해 봐요.

"난 아이스크림 모양 똥이야."

➡ 건강한 똥입니다.

"난 약간 묽은 똥."
➡ 신경성 설사

"나는 방울 똥이지."
➡ 변비가 있으므로 야채와 물을 많이 마셔야 한다.

"나는 붉은색 똥."
➡ 피가 섞여 나오면 위험해요. 하지만 토마토나 딸기 때문에 빨갛게 나올 수도 있다.

"우린 갈색 똥이야."
➡ 조금 색이 다르지만 건강에는 이상없다.

"난 검은색 똥이라구."
➡ 위나 십이지장 또는 위궤양일 수도 있다.

대장 내에서 살고 있는 대장균은 식물의 섬유질을 분해하여 똥을 만드는 데 아주 중요한 일을 하고 있지요.

몸이 건강할 때는 보통 매일 똥이 나오지만 변비 등이 있을 경우에는 똥이 잘 나오지 않을 때도 있답니다. 똥을 참으면 대장에 가스가 차 배가 팽팽해지거나 찌꺼기 속 수분이 점점 없어져 딱딱해집니다.

약간 묽은 똥은 신경성 설사일 수도 있고, 방울 똥은 음식을 너무 많이 먹거나 병에 걸려서 나올 수도 있으므로 주의해야 합니다. 바나나 똥이나 아이스크림 같은 똥은 건강하다는 표시이므로 아주 양호하답니다. 자신의 똥을 보고 건강을 체크해 보는 것도 좋겠지요.

배변까지 걸리는 시간을 보면 24-27시간

입 → 식도 → 위 → 소장 → 대장 → 직장 → 항문

■ 동물 과학 상식 -

사람과 마찬가지로 동물도 똥을 몸 밖으로 배출합니다.
오리너구리나 두더쥐류를 제외한 포유류와 일부 어류를 제외한 척추가 있는 동물들이 똥을 배출합니다.
음식 섭취량에 대한 똥의 비율은 풀을 주로 먹는 초식동물이 고기를 먹는 육식동물보다 일반적으로 훨씬 높습니다. 바닷가 근처에 모여 사는 새들의 배설물은 '구아노'라고 해서 요산이나 인산염이 아주 풍부해서 비료로도 쓰인다고 하네요.
어류, 파충류, 포유류 등의 똥 화석이 발견되는데 분석이라고 해서 과거의 동물들의 식성이나 항문의 모양을 연구하는 데 중요한 자료가 된답니다.

그러면 식물들도 똥을 배출할까요?
식물들은 똥을 배출하지는 않지만, 식물의 잎 뒷면에 있는 기공을 통하여 증산작용을 한답니다. 증산작용은 잎이 공기를 들이마시고 수증기를 잎 밖으로 내보내는 작용을 말합니다. 사람이나 동물들이 똥을 하루에 한 번씩 배출하듯이 식물들도 증산작용을 되풀이한대요.

I - 소화와 소화기관

긴장을 하면 왜 화장실에 자주 가게 될까?

많은 사람 앞에서 연설을 하게 되거나 시험을 치르기 직전에는 자신도 모르게 자꾸만 화장실에 가고 싶어질 때가 있지요. 연설하는 동안이나 시험을 치르는 동안에는 화장실에 갈 수 없다는 생각을 하면 긴장을 하게 되어 10분이 멀다 하고 자주 화장실에 드나드는 것을 볼 수 있을 거예요.

긴장을 하면 화장실에 자주 가게 되는 것은 뇌나 몸의 기능이 뒤죽박죽되어 버리기 때문에 그런답니다. 사람의 몸에는 자신의 생각과는 관계없이 작용하는 자율신경이 있습니다. 자율 신경에는 교감 신경과 부교감 신경이 있는데 교감 신경은 몸이 활발하게 움직일 때 심장의 박동을 빠르게 하거나 근육을 긴장시키는 일을 하고, 부교감 신경은 몸이 쉬고 있을 때 내장 기능을 활발하게 합니다.

교감 신경과 부교감 신경은 어느 한쪽이 작용하고 있을 때는 다른 한쪽에서는 쉬게 된답니다.

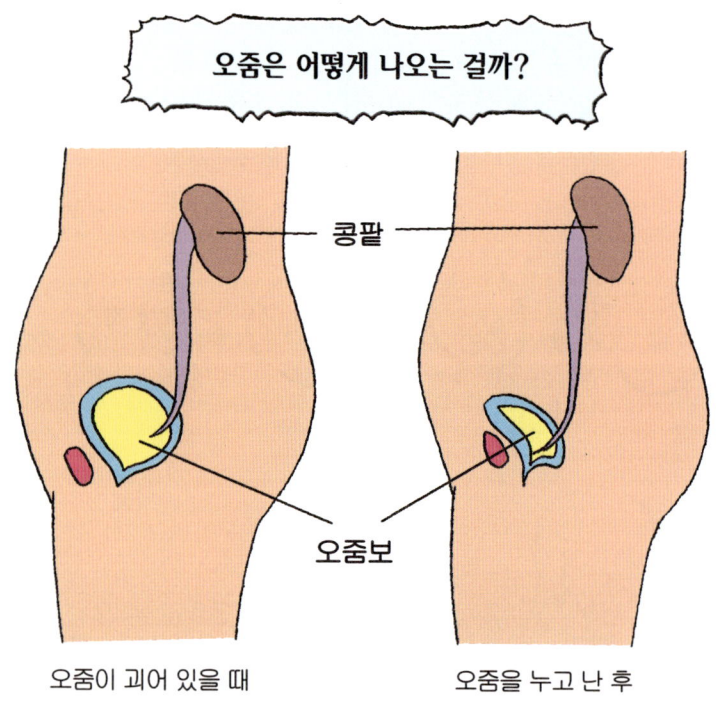

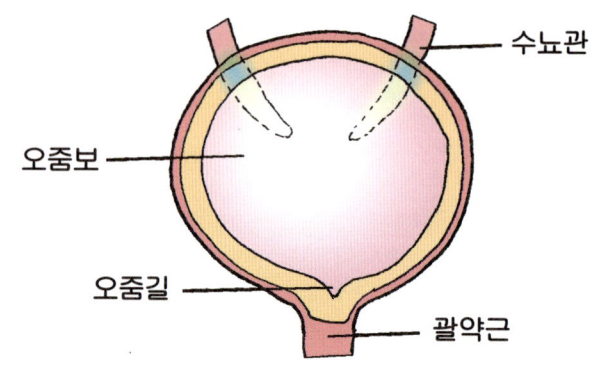

■ 오줌의 경로 : 몸 안에서 물질의 분해와 합성이 이루어져 화학변화를 일으켜 생긴 용액이 오줌이랍니다.
오줌은 방광에 저장되어 있다가 그 양이 일정 한계에 다다르면 몸 밖으로 빠져 나가게 되는 것이에요.
간에서 만들어진 요소가 방광에 흘러 들어가면 요소의 농도가 지나치게 높아지지 않도록 많은 양의 물을 섞어 묽게 만든답니다. 그 후 오줌길을 따라 몸 밖으로 내보내는 거예요.

그런데 사람이 긴장을 하면 이런 메커니즘이 뒤죽박죽되어 양쪽 신경이 흥분하고 맙니다. 교감 신경이 흥분하면 가슴이 두근거리면서 혈액의 순환이 빨라지지요. 그에 따라서 부교감 신경까지 흥분하므로 콩팥이나 소화기 기능도 활발하게 되지요. 그래서 긴장을 하면 화장실에 자주 가고 싶어진답니다.

그리고 오줌보는 배의 아래쪽에 있는 힘살로 된 주머니로 오줌이 들어 있지 않을 때에는 납작하게 쭈그러져 있다가 오줌이 고이면 부풀어 오릅니다.

콩팥에서 만들어진 오줌은 신우를 거쳐 오줌관이라고 하는 길이가 약 25㎝나 되는 관을 지나 오줌보로 보내지게 됩니다. 건강한 사람의 오줌은 투명하고 노란빛이 나고 하루에 배설하는 오줌의 양은 어른의 경우 1.2~1.5리터이나 이것은 수분을 섭취하는 양과 땀이 나오는 정도에 따라 달라집니다.

■ 오줌의 성분 : 오줌은 약 90% 이상이 물입니다. 그 다음으로 많은 양을 차지하는 것이 요소입니다. 어른 남자가 하루에 몸 밖으로 내보내는 요소의 총량은 약 30g입니다. 하지만 그 양은 음식물의 종류, 생리 상태, 환경 조건에 따라 많은 차이가 나기도 한답니다.
오줌은 몸 안의 요소를 내보내는 기능 이외에 삼투압 조절, 수분 함량 조정 등 중요한 기능을 한답니다.

1 – 소화와 소화기관

왜 변비에 걸리는 거야?

변비는 충분한 운동을 하지 못하는 환자나 노인들에게 많고, 질병 때문에 생기기도 합니다. 물론 배변이나 식생활 습관, 스트레스도 많은 영향을 주지요.

변비는 대장에 물기가 없거나 원활하게 운동하지 못할 때 자주 나타나게 됩니다. 대장은 수분을 흡수하고 배설을 돕는 일을 하는데 대장에 수분이 부족하거나 원활하게 운동을 하지 못하면 변비가 일어나게 됩니다.

변비가 지속되면 항문의 모세혈관이 파열되어 치질에 걸리기 쉬우므로 주의해야 하고, 매일 대변을 보는 습관을 길러야 합니다.

어린이들이 변비에 자주 걸리는 것은 섬유질이 부족한 음식만 먹기 때문인데 **섬유질**이 특히 많은 과일과 자두, 살구, 배, 복숭아, 콩, 완두, 시금치, 건포도, 양배추 등의 야채도 먹어야 합니다.

■ 섬유질 : 식이섬유. 식품 중에서 채소, 해조류, 과일 등에 많이 들어 있는 성분. 1970년대 초 식이섬유를 섭취하지 않으면 대장암을 비롯하여 심장병이나 당뇨병 등 성인병에 걸리기 쉽다는 발표가 있었답니다. 식이섬유는 음식을 너무 많이 먹는 것을 막아주고 음식물의 흡수를 더디게 하여 콜레스테롤을 걸러낸답니다. 또한 혈압이 올라가는 것을 막아주기 때문에 당뇨병의 예방이 되기도 한답니다.

그리고 변비는 물을 잘 마시지 않아도 생기므로 충분히 먹어야 합니다. 대변이 마려운 것을 억지로 참아도 변비가 생깁니다. 집이 아닌 곳에서는 아무리 급해도 볼 일을 보지 못하는 어린이가 간혹 있는데 계속 참다 보면 변비가 생긴답니다.

변비가 오래되면 볼 일을 볼 때마다 항문이 찢어지게 됩니다. 그렇게 되면 항문이 아파서 대변 보는 것을 겁내고 계속 참게 되면 변비는 낫지 않고 더 오래 가게 되지요. 그래서 우리는 밥도 그냥 쌀밥보다는 다른 곡식을 섞어 먹는 것이 좋고, 그 중에서도 특히 **현미밥**이 좋습니다. 쌀밥을 먹더라도 여러 가지 반찬을 골고루 같이 먹는 것이 변비에 잘 걸리지 않는 비결이랍니다.

■ 현미밥 : 현미로 만든 음식으로 소화가 잘 되도록 도와주고 무기질과 비타민이 풍부하여 당뇨병이나 심장병에 좋습니다.

1-소화와 소화기관　24

설사를 하게 되는 이유는?

설사는 연동운동과 밀어내기가 정신없이 일어나는 상태인데, 보통 때보다 훨씬 더 많은 똥을 눌 때 일어나며 설사할 때 나오는 똥의 모양은 담는 그릇에 따라 변하는데 바로 액체이기 때문입니다.

작은 창자와 큰 창자가 자극을 받아 배탈이 나면 설사를 하게 됩니다.

장의 근육이 자꾸 수축해서 그 속에 든 죽 같은 내용물을 빨리 움직여 주면서 물이 흡수될 시간이 없게 되어 탈이 난 장은 장액을 더 많이 흘려보내 결국 많은 양의 묽은 똥이 생기는 거랍니다.

설사가 일어나는 가장 큰 원인은 장염입니다. 바이러스라는 아주 작은 생물이 장에 침입해 눌러 살면서 장은 장액을 내보내고 빠르게 연동운동을 할 수밖에 없습니다.

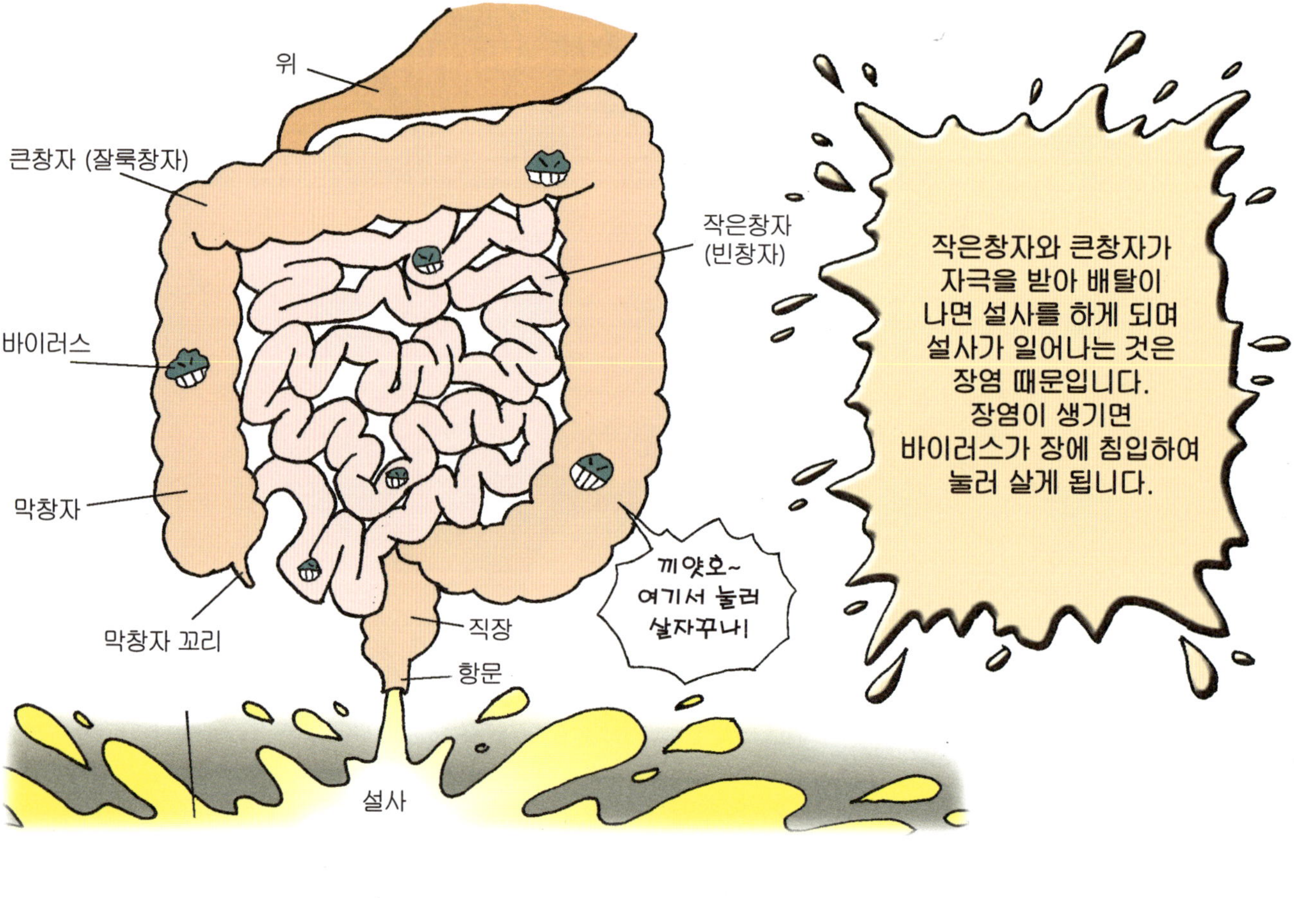

작은창자와 큰창자가 자극을 받아 배탈이 나면 설사를 하게 되며 설사가 일어나는 것은 장염 때문입니다. 장염이 생기면 바이러스가 장에 침입하여 눌러 살게 됩니다.

끼얏호~ 여기서 눌러 살자꾸나!

위 / 큰창자 (잘룩창자) / 작은창자 (빈창자) / 바이러스 / 막창자 / 막창자 꼬리 / 직장 / 항문 / 설사

설사를 하게 되는 이유를 보면?

설사의 가장 좋은 치료법은?

그래서 이 상태가 며칠씩 지속되는 동안에 환자는 계속 화장실을 들락거리게 됩니다.

100가지도 넘는 질병이나 스트레스나 음식물 알레르기, 식중독과 우유과민증, 약품 때문에 설사를 하기도 한답니다.

설사의 가장 좋은 치료는 아무래도 시간 보내기인데 보통 이틀 정도만 지나면 멈추게 되니까 설사하는 동안에는 수분을 많이 잃게 되므로 당분과 염분이 많이 든 음료수를 많이 마셔주고, 수분의 흡수를 돕거나 연동운동을 늦추는 약을 먹어주는 것도 좋습니다.

어느 과학자는 **여행자**들과 함께 다니면서 그들의 똥 표본을 모아 분석을 했답니다. 연구를 통해 알게 된 것은 여행자의 설사병이 평소와 다른 종류의 세균과 바이러스 그리고 다른 종류의 생물을 먹었기 때문에 생긴다는 사실을 알게 됐다고 합니다.

■ 여행 중에는 설사에 왜 잘 걸리는 걸까? :
설사는 여행자에게 가장 흔하게 일어나는 질병으로 약 50%가 경험한다고 합니다. 여행을 하다가 생기는 설사는 세계 여러 나라의 수돗물이나 음식물 속에 있는 박테리아나 기생충 때문이랍니다. 설사에 걸렸다면 설사를 멈추게 하는 약을 먹거나 탈수를 막아주기 위해 물을 많이 마셔야 합니다.

1 – 소화와 소화기관

항문이 가려운 이유는 요충 때문이라는데?

현미경으로 보면 끔찍한 요충은 다른 동물들의 몸에는 살지 않고 오직 사람의 몸속에서만 살고 있는 **기생충**입니다. 요충은 항문을 만진 후에 감염되기도 하고 먼지 중에 떠다니는 요충 알을 마시고 감염되기도 합니다.

요충에 감염된 어린이는 손톱 밑에 요충 알이 끼어 있답니다.

항문이 가려운 것은 바로 요충 때문입니다. 항문 주위에는 신경이 아주 많이 모여 있어서 조그만 상처라도 나면 더 가렵고 신경이 쓰이게 되지요. 항문이 가려운 증세를 항문 소양증이라고 하며 이 증세는 우리 주위에서 흔히 볼 수 있습니다.

그러나 가렵다고 해서 무턱대고 긁으면 안 되는 이유는 너무 긁게 되면 항문 주위에 상처가 생길 수도 있고 심하면 습진에 걸리기 쉬워요.

항문이 가려운 이유는 바로 요충 때문이에요.

항문이 가려운 증세를 항문 소양증이라고 한데나 어쩐대나, 으~가려워~

어머~ 항문을 자꾸 긁으면 어떡해, 더럽게~

항문 주위에는 신경이 많이 모여 있어서 상처가 나면 더 가렵고 신경이 쓰이게 됩니다.

그리고 변비에 걸려 대변을 볼 때 항문이 찢어질 수도 있습니다. 이때 항문이 찢어지는 치열이나 치질이 심해진 치루 등으로 항문이 가렵기도 합니다. 우리 몸에 살고 있는 기생충 중 하나인 요충은 끈질기게 어린이들을 괴롭히고 있답니다.

요충에 감염되지 않기 위해서는 손톱을 항상 깨끗이 깎고 속옷은 뜨거운 물에 삶고 이부자리는 햇빛에 말리고 집안을 깨끗이 해야 합니다. 그리고 화장실에 다녀온 뒤에는 반드시 손을 씻고 항문은 가려워도 절대로 긁지 말아야 합니다.

요충은 전염성이 강하기 때문에 가족이나 이웃에게 금방 옮길 수 있기 때문에 가족 중에 한 사람이라도 요충에 감염되면 가족 모두 구충제를 먹어야 합니다.

요충은…

암놈의 길이는 10~13㎜ 정도이고 길고 뾰족한 꼬리를 갖고 있으며, 수놈은 3~5㎜ 정도로 말린 꼬리를 하고 있습니다.

사는 곳은 **충수**와 가까운 대장이나 소장인데 항문까지 내려와 항문 주위에 알을 놓고 도망갑니다. 주로 밤에 많이 활동을 하지요.

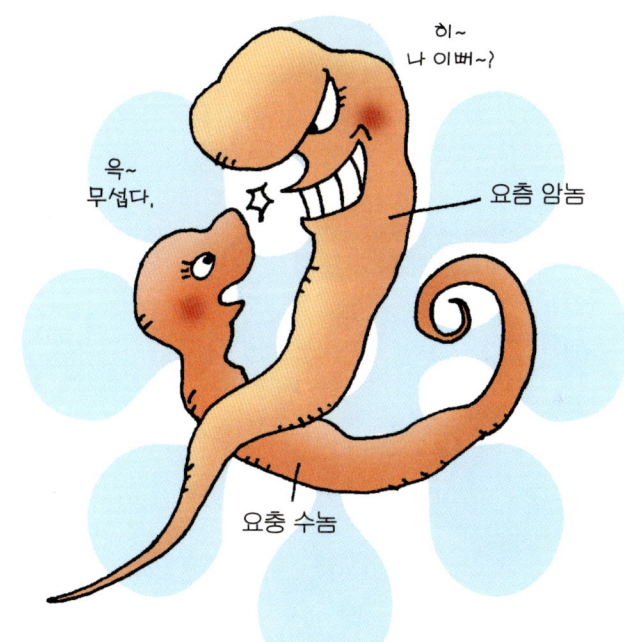

- 기생충 : 사람의 몸에 기생하는 기생충은 거의 모든 부위에 있지만, 특히 소화관에 많이 기생합니다.
- 충수염 : 맹장의 약간 아래 끝에 늘어진 가는 관. 맹장염은 충수염의 잘못된 말입니다.

요충에 걸리지 않으려면 우리 몸과 주위 환경을 깨끗이 해주어야 합니다.

I - 소화와 소화기관

충수를 떼어내도 생명에는 지장이 없다는데?

어린이들이 잘 걸리는 **충수돌기염**은 대부분 충수에 세균이 감염되어 생기는데 한 번 세균에 감염되면 자꾸 감염이 되며 그때마다 배가 아픕니다. 이렇게 자주 아픈 것을 만성 충수돌기염이라고 하고 갑자기 배가 아파서 수술을 해야 하는 경우를 급성 충수돌기염이라고 합니다.

급성 충수돌기염에 걸리면 혈액 속의 백혈구들이 갑자기 늘어나고 백혈구의 수는 의사 선생님이 수술을 해야 할 것인지 하지 않을 것인지를 결정하는 기준 중 하나로 삼지요.

여기서 뉴욕대학의 면역학자 레이시 박사는 "인간의 충수는 장의 퇴화된 부분이라고 할 수 있습니다"라고 말했답니다. 예전에는 모래나 머리카락, 티끌 같은 이물질이 충수에 꽉 차면 터진다는 속설이 있었으나 그것은 어디까지나 속설에 불과합니다.

급성 충수돌기염의 증상을 보면

배꼽 부근이 아프기 시작해서 점차 오른쪽 배가 아프다가 한쪽만 계속 아프다.

움직이거나 숨을 깊게 쉴 때, 재채기나 기침을 하거나 걷거나 만지면 더 아프다.

구역질이 나고 때로는 토한다.

열이 난다.

충

수돌기염은 충수가 터져서 생기는 병이 아니라 세균 감염설, 바이러스설, 알레르기설 등 여러 가지가 있으나 아직 충수돌기염이 왜 생기는지는 명확하게 밝혀진 사실은 없지요.

충수돌기염은 섬유소가 적은 식품을 많이 먹었을 때 흔히 발생하며 그 외에도 이물질, 기생충, 종양 때문에 충수가 막혀 일어나기도 합니다.

충수 끝에는 10㎝ 정도 되는 충수돌기가 있고 이곳에 염증이 생기는 것을 충수돌기염이라 합니다. 우리 몸에 없어도 되는 기관이 몇 개 있는데 충수도 그 중 하나이므로 충수를 떼어낸다고 해도 생명에는 지장이 없답니다.

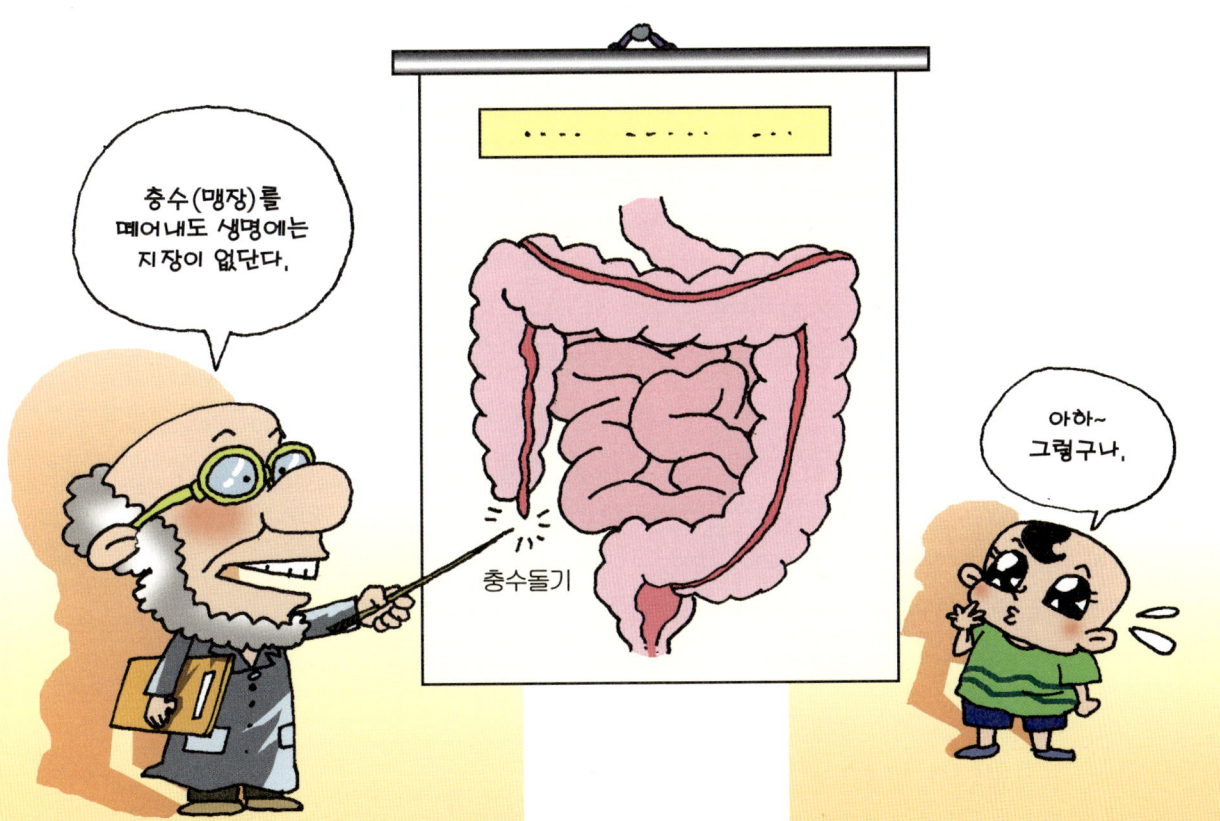

충수 끝에 있는 충수돌기에 염증이 생기는 것을 충수돌기염(맹장염)이라고 합니다.

- 충수돌기염 : 소년, 청소년기에 많이 걸리고 갓난아기나 노인은 잘 걸리지 않습니다. 계절적으로는 봄·여름에 많으며, 고기를 좋아하는 사람에게 많이 생긴답니다.

I-소화와 소화기관

해독 작용에는 간이 가장 큰 역할을 한다는데?

몸 속에는 여러 가지 종류의 독이 음식물이나 음료수를 통해 들어가게 됩니다.
그리고 이 밖에도 독충에 물리거나 독을 내는 미생물을 입이나 코, 창자 속에 가지고 있는 경우도 있습니다.

몸 속에 들어간 독을 그대로 내버려두면 여러 가지 해를 일으키기 쉽습니다. 그러나 대부분의 독은 몸 속에서 해가 없는 것으로 바뀌는데 이것을 해독작용이라고 하지요.

해독작용에는 역시 간이 가장 큰 역할을 한답니다. 그리고 독이 없어진 물질은 콩팥과 창자를 거쳐 몸 밖으로 버려지게 되는데 지나치게 독이 많은 물질이나 몸 속에서 해독될 수 없는 것이 들어가면 몸에서는 여러 가지 부작용이 일어나게 됩니다. 그래서 이것을 중독이라고 한답니다.

몸 안에는 미생물에 필요한 영양이 고루 갖추어져 있습니다. 그러나 몸에 해로운 미생물은 건강할 때에는 하나도 없어요. 그 이유는 우리 몸에는 해로운 미생물이 들어오는 것을 막거나 들어와도 죽여 버리는 힘이 있기 때문이지요.

이렇게 해로운 미생물로부터 몸을 지켜주는 성질이 자연히 갖추어져 있는데 이 성질을 보통 자연저항성 또는 자연면역성이라고 합니다.

몸의 살갗과 끈끈막에는 세포가 빈틈없이 들어차 있어서 미생물이 침입하는 것을 막습니다.

호흡기로부터 들어온 미생물은 코나 숨관에 있는 끈끈막에 붙어 더 이상 들어갈 수 없게 되어 있고 소화기를 통해 들어온 미생물은 위 속에 있는 강한 산에 의해 죽어버리고 말아요.

그리고 몸에 해로운 미생물은 입, 코, 창자의 끈끈막에 살고 있는 몸에 해를 주지 않는 여러 가지 미생물의 방해를 받아 더 이상은 불어나지 못하도록 되어 있답니다.

■ 간 : 간장. 무게는 사람의 경우 1~1.5㎏입니다. 간의 기능이 약해지면 체력이 떨어져서 피로를 느끼고 비관, 실의에 빠지기도 한대요. 비타민과 미네랄을 충분히 먹으면 피로도 덜 느끼고 활기차게 활동할 수 있답니다.

간이 해독작용을 하는 모습을 보면

I-소화와 소화기관

대범한 사람이 정말 간이 클까요?

인체의 화학공장인 간은 우리 몸속에서 가장 큰 기관이랍니다.

오른쪽 복부 위쪽에 있는 간은 튼튼한 갈 빗대가 지켜주고 있지요. 간은 큰 만큼 하는 일도 많은데 쓸개즙을 만들어 소화를 돕기도 하며 혈액을 저장하기도 하고 몸속에 있는 나쁜 독소를 해독하는 역할도 합니다. 이렇게 여러 가지 중요한 일들을 하기 때문에 간에 이상이 생기면 심각한 문제가 발생할 수도 있습니다.

간은 대략 3,000억 개의 세포로 이루어져 있는데 이 간 세포는 500종류에 달하는 화학공정을 아주 짧은 시간에 해냅니다. 간은 이렇게 많은 물질을 만들어내고 여러 가지 중요한 일을 한답니다.

겁이 없고 용감한 사람을 우리는 흔히 "간 큰 사람"이라고 하는데 이 말은 동양의 전통의학에서 나온 말로 매우 대담한 사람 또는 담력이 큰 사람을 뜻한답니다.

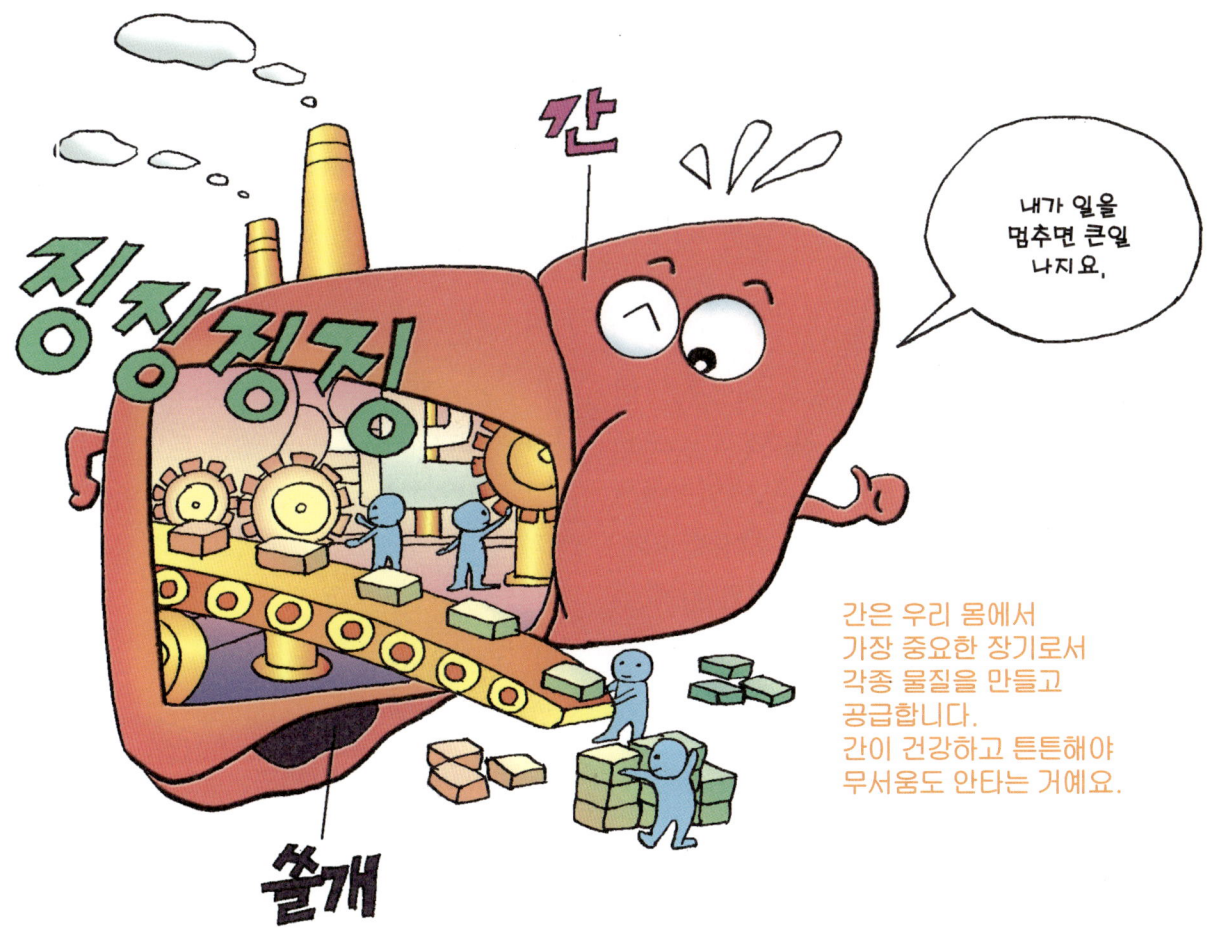

한 의학에서 공포나 놀라는 감정은 간과 쓸개, 위, 심장과 서로 관련이 있으며 쓸개는 담이라 하는데 담은 육체는 물론, 정신적인 면까지 관리하는 대표적인 장기랍니다.

간은 몸의 근육을 움직일 수 있는 에너지를 만들고 혼이 있는 곳이라도 합니다. 그리고 간에 기가 부족하면 작은 일에도 무서워 하지만 기가 넘치면 두려움을 모른다고 합니다. 너무 자주 놀라면 기가 흩어지게 되는데 이것은 간에 좋지 않은 영향을 주게 됩니다.

대범한 사람이 보통 사람보다 간이 큰 것은 사실과 다릅니다. 아마도 무서움을 잘 타지 않는 사람은 간이 튼튼하기 때문에 간이 크다고 표현한 것이랍니다.

■ 쓸개 : 간에서 분비되는 쓸개즙을 모아두는 주머니. 하루에 1,000㏄ 이상 분비되지만 쓸개 속에서 50~60㏄로 농축됩니다.
어류에게도 쓸개를 볼 수 있지만 말, 사슴, 코끼리, 낙타, 고래, 물개, 돌고래, 집비둘기에는 없답니다.

오줌을 누고 나서 몸을 떠는 이유는?

오줌의 성분은 약 산성으로 이루어져 있으며 물과 적은 양의 요소나 요산 그리고 무기 염류로 되어 있습니다.
땀은 99%가 물인데 여기에는 염분과 요소, 크레아틴이 포함되어 오줌 성분과 비슷하지요.

우리의 몸은 약 70%가 물로 되어 있으며 항상 일정한 수분을 유지하도록 스스로 조절합니다. 그러므로 항상 체온을 일정하게 유지하기 위해서 열을 생산하고 방출합니다. 만약 주위 환경에 열을 빼앗기게 되면 뇌에 있는 체온 조절 중추가 반응하여 빼앗긴 열을 다시 되찾아 주게 되는 것이랍니다.

그래서 우리가 소변을 보게 되면 몸 속의 열도 약간 밖으로 빠져 나가는데 이 열을 되찾기 위해서 뇌는 근육을 움직이도록 지시를 내리게 됩니다. 소변을 보고 나서 몸을 떠는 이유는 이 때문이랍니다.

오줌을 누고 나서 몸을 떠는 것은

오줌을 누게 되면 몸 속의 열이 약간 빠져 나간다.

열을 되찾기 위해 뇌는 근육을 움직이도록 지시를 내립니다.

체내의 열이 밖으로 나감.

우리의 몸은 떨게 된답니다.

추운 겨울에는 소변을 보고 나면 몸도 떨리면서 **소름**까지 돋는 것을 볼 수 있습니다. 이것은 오줌을 눌 때 몸의 열이 가능한한 적게 달아나도록 땀구멍을 막고 피부의 표면적을 최소화하는 우리 몸의 본능적인 방어기능 때문이지요.

또 초등학생들의 약 8%가 한 달에 한 번 정도는 자신도 모르게 밤에 자다가 이불에 오줌을 싸는데 이렇게 밤에 오줌을 싸는 것을 '야뇨증'이라고 한답니다. 야뇨증을 치료하기 위해서는 마음 편히 생활할 수 있는 주위환경이 필요하고, 잠자리에 들기 전에 물을 마시는 것은 가급적 피하고, 잠자기 전에는 반드시 소변을 보는 습관을 가지면 좋습니다.

소름은 오줌을 눌 때 몸의 열이 적게 달아나도록 땀구멍을 막고 피부의 표면적을 최소화 하려는 방어기능 때문입니다.

이크, 오줌을 누는 데 왜 소름이 돋는 거야.

우리의 몸은 약 70%가 물로 되어 있다.

콜라

오줌은 약 산성으로 물, 적은 양의 요소, 요산, 무기 염료로 되어 있습니다.

건강한 어른이 한 번에 누는 오줌의 양은 콜라 병 한 병 정도랍니다.

■ 소름 : 피부가 갑자기 차가운 것을 느꼈을 때, 감정이 갑자기 변했거나 공포감을 느꼈을 때 생기는데, 털을 뽑아 버린 새의 살갗처럼 오톨도톨한 좁쌀알 같은 모양. 중뇌에 있는 체온 조절을 담당하는 중추와 관계가 있다.

소금기가 부족하면 피로해진다는데….

소금은 주성분이 염화나트륨으로 흰 정육면체 결정입니다. 우리나라에서는 바닷물을 염전에 끌어모아 햇빛에 쬐어 수분을 증발시키는 천일제염법으로 소금을 만들어 낸답니다.

천일염은 염화나트륨뿐 아니라 칼슘, 마그네슘, 아연, 칼륨, 철, 황 등 20여 종이 넘는 인체에 유용한 미네랄에 보고이며, 독성 물질인 핵비소를 포함하는 것이 특징인데 핵비소를 제거하고 중화시킨 천일염은 명약된답니다.

우리 몸에 소금기가 부족하면 쉽게 피로해지는가 하면 식욕부진의 현상도 일어나게 되는데 어른이 하루에 섭취해야 할 소금의 양은 15g 정도입니다.

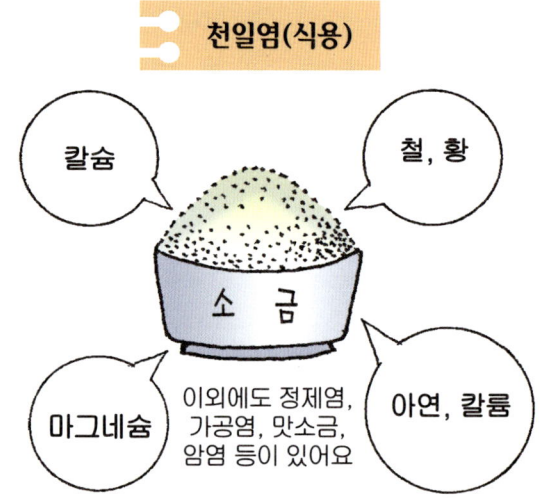

천일염(식용)

칼슘 / 철, 황 / 마그네슘 / 아연, 칼륨

이외에도 정제염, 가공염, 맛소금, 암염 등이 있어요

크~ 짜다.

원래 소금은 독성을 가지고 있지만 만드는 과정에서 독성을 제거합니다. 그러나 지나치게 섭취하면 일찍 늙거나 신장병과 고혈압이 생길 수 있으므로 주의해야 됩니다.

■ 미네랄 : 생물체를 구성하는 원소 중에서 탄소, 수소, 산소 등의 3원소를 제외한 나머지 구성 요소를 말합니다. 광물질이라고도 함. 칼슘, 인, 칼륨, 나트륨, 염소, 마그네슘, 철 등을 말함.

죽염(장류, 화장품, 치약, 제약, 제과 등)

대나무

➡ 천일염을 대나무 속에 다져 넣고 황토로 막아 가마에서 섭씨 1,000~1,300도로 여덟 번 구운 후 아홉 번째에 불 위에 송진 가루를 뿌려 섭씨 1,300~1,700도로 가열해 만든 알칼리성 소금이다.

소금이 하는 일을 더 살펴보면 고기나 생선을 상하지 않도록 보존하는 역할 외에도 여러 가지 물건을 만드는 원료로도 쓰입니다. 의약품, 유리, 비닐, 탄산소다, 비료나 비누 등을 만드는 데에도 쓰인답니다.

소금은 바닷물에서 얻어지는데 바닷물 1리터에 소금기가 35g이나 들어 있으며, 이 가운데 소금의 주성분인 염화나트륨이 77.84% 들어 있고 이 소금을 전부 지구 위에 깐다면 그 두께가 30㎝나 된다고 합니다.

우리 조상들의 지혜의 산물인 간장이나 된장 그리고 고추장은 대나무 잎과 숯, 태양 에너지로 소금의 독성을 중화시킨 아주 훌륭한 식품이지요.

소금은 공기와 물과 함께 생명을 유지하는 필수적인 물질이에요!

신진대사 촉진!
혈관 정화, 적혈구 생성!
소화, 위장 기능 강화!
삼투압, 체액의 균형 유지!

세포생성, 체온조절!
살균 및 해독작용!
심장과 신장 기강화!
해열 및 지혈작용!

소금을 이용한 것들을 보면

맛소금 젓갈 김장 생선 절임 간장 표백제 살충제 비누 비닐 핸드백

물도 잘 마셔야 보약이 된다는데?

우리 몸의 70%는 물로 되어 있습니다. 물을 적당하게 공급해 주어야 신진대사가 좋아지고 물이 부족하면 몸이 쉽게 피곤해지고 의욕이 떨어지게 되지요.

물은 몸 속에 있는 나쁜 찌꺼기들을 분해하여 밖으로 내보내는 역할을 하므로 고기를 좋아하는 사람일수록 물을 많이 마셔야 합니다.

어른들은 콜라나 사이다 같은 탄산 음료는 못 마시게 하면서 물은 자꾸 마시라고 하는데 어린이들은 달지도 않고 톡 쏘지도 않으며 향기도 없고 맛도 없는 물을 왜 자꾸만 마시라고 하는지 궁금하답니다.

우리 어린이들은 잘 이해가 안 될 거에요. 그러나 물은 사람에게 보약과도 같아요. 그래서 한방에서는 '음양수'라 하여 뜨거운 물과 찬물을 반씩 섞어서 보약처럼 마시기도 한답니다.

물 마시기 가장 좋은 시간은?

- 70%가 물인 우리의 몸 -

그리고 너무 많이 단백질을 섭취하면 몸 속에 **암모니아**와 요소가 쌓이게 됩니다. 몸 속에 암모니아가 많아지면 짜증을 많이 내고 혈압과 혈당도 올라가 건강을 해치게 되지요. **물**을 충분히 마시면 이런 독소를 해독시켜 몸을 건강하고 가뿐하게 해준답니다.

사람의 몸 속에 있는 수분은 땀과 대변 그리고 소변 등을 통하여 몸 밖으로 나가지만 숨을 쉬고 있을 때에도 조금씩 나갑니다.

하지만 물도 잘 마셔야 보약이 되는데 하루 중 잠자리에서 일어나 공복에 마시는 물이 가장 좋다고 합니다. 밥을 먹으면서 물을 마시는 것은 좋지 않아요. 이유는 위 속의 소화효소나 위산을 희석하기 때문이랍니다.

■ 암모니아 : 쏘는 듯한 악취가 있는 액체.
■ 물 : 사람은 약 70%, 어류는 약 80%, 그 밖의 물 속의 미생물은 약 95%가 물로 이루어져 있음.

스포츠 음료를 운동선수들이 마시는 이유는?

평소 스포츠 음료를 즐겨 마시는 사람을 볼 수 있는데, 스포츠 음료는 꼭 운동할 때 마시는 것이 좋아요.

운동선수들이 스포츠 음료를 마시는 이유는 물보다 흡수가 빠르기 때문이랍니다. 요즘은 여러 종류의 스포츠 음료가 나와서 누구라도 쉽게 사서 마실 수 있습니다.

스포츠 음료의 맛은 콜라나 사이다처럼 톡 쏘는 맛이 없고 주스처럼 달콤한 맛도 없습니다.

한 시간 미만 운동을 했거나 땀으로 온몸이 푹 젖지 않은 상태라면 스포츠 음료보다는 일반 물을 마시는 것이 더 좋답니다.

스포츠 음료는 아무나 마시는 게 아니에요.

- 스포츠 음료는 물보다 흡수가 빠르기 때문에 운동선수들이 주로 마십니다.
- 운동을 할 때 물을 마시면 배만 부르고 흡수가 느려서 오히려 몸이 더 거북해집니다.

스포츠 음료는 100㎖당 20~30kcal의 열량을 내기 때문에 많이 먹게 되면 살이 찌게 됩니다. 혈액의 농도가 낮아지고 콩팥에도 부담을 주게 됩니다.

물이 몸에 흡수되려면 나트륨과 포도당이 필요합니다. 나트륨은 소금으로 땀을 많이 흘리는 사람에게 소금을 주는 것도 물의 흡수를 빠르게 하기 위해서랍니다.

운동을 할 때 물을 마시게 되면 배만 부르고 흡수가 느려서 오히려 거북해지지요. 운동선수들은 땀을 많이 흘리기 때문에 땀으로 빠져나간 수분과 나트륨 등의 무기질을 보충해 주기 위하여 스포츠 음료를 마시는 것이랍니다. 스포츠 음료의 맛이 달짝지근하면서도 약간 짭짤한 것은 이 음료의 농도가 몸속에 있는 체액과 같기 때문이에요.

스포츠 음료 속에 들어 있는 0.9%의 나트륨의 농도는 링거액과 비슷하고, 달짝지근한 맛이 나는 것은 음료 속에 당분을 넣었기 때문이에요. 당분을 함께 먹으면 물의 흡수효과가 매우 높아지기 때문입니다.

➡ 운동선수들에게 땀으로 빠져나간 수분과 나트륨의 무기질을 보충해줍니다.

⬅ 맛이 달짝지근하면서도 약간 짭짤한데 이 음료의 농도가 몸 속에 있는 체액의 농도와 같기 때문이에요.

➡ 0.9%의 나트륨의 농도는 링거액과 비슷하지요.

⬅ 달짝지근한 맛이 나는 것은 음료 속에 당분을 넣었기 때문이며, 당분을 함께 먹으면 물의 흡수효과가 매우 높아집니다.

■ 스포츠 음료 : 운동이나 노동 등으로 몸속에서 빠져나간 수분과 전해질을 보충해 주는 기능성 음료. 주요 성분은 탄수화물, 나트륨, 칼륨, 마그네슘, 비타민 C가 포함됨.

3 – 혈액과 순환

피는 왜 붉을까요?

체중의 13분의 1 정도를 차지하는 피는 어른은 보통 4~5리터 정도를 가지고 있으며, 이 중에서 3분의 1 이상 출혈하게 되면 생명이 위험하게 됩니다.

피가 붉은 것은 적혈구의 주성분인 헤모글로빈이 붉은 색소를 가지고 있기 때문입니다. 피는 영양소나 산소를 여러 세포에 날라다 주며 몸 안에 생긴 이산화탄소나 묵은 찌꺼기를 허파나 콩팥에 옮겨주는 역할을 합니다. 또 체온을 유지해 주며 **병원체**가 침입하면 흰 피톨이 잡아먹기도 하지요.

헤모글로빈을 포함한 적혈구의 활동

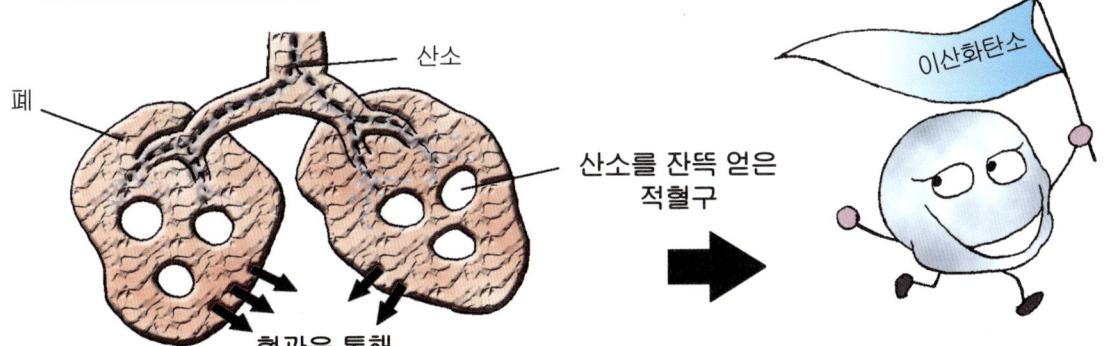

 모라는 색소는 철분을 가지고 있어서 산소와 달라붙으면 선명한 붉은색이 되고, 산소가 붙어 있지 않을 때는 어두운 붉은 색이 되는 성질이 있지요. 그러므로 폐에서 받아들인 산소를 나르는 동맥의 피는 선명한 붉은 색이고, 이산화탄소를 가지고 돌아오는 정맥의 피는 어두운 붉은색을 띠고 있습니다. 피는 붉은 피톨과 흰 피톨, 또는 피티나 혈장으로 이루어져 있는데 피티는 피를 엉기게 하고, **혈장**은 양분이나 찌꺼기를 나눕니다.

헤모글로빈이 부족하면 병에 걸리기 쉬워요.

- 병원체 : 감염을 일으키는 생물로서 형태의 크기에 따라 분류하면 바이러스, 세균, 진균, 스피로헤타, 원충, 리케차 등이 있습니다.
- 혈장 : 혈액 속의 적혈구, 백혈구, 혈소판을 제외한 액체 성분을 말합니다.

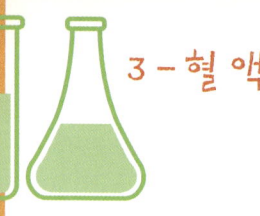

3 - 혈액과 순환

피가 나오다 굳는 이유는?

우리 몸 속의 혈액이 혈관 속을 흐르고 있는 한 마르는 일이 거의 없을 거에요. 하지만 넘어져서 무릎이 까지거나 손가락 끝을 칼에 베여 피가 나올 때 그대로 두면 피가 굳어서 나오지 않는 것을 볼 수 있습니다.

> 만약에 피가 굳지 않는다면….

> 으아앙~ 넘어져서 무릎이 까졌는데 피가 멈추질 않아.

> 심장이 수축하면 압력이 가해져서 피가 혈관 속을 세차게 흐르게 되고….

> 몸 밖에서도 굳지 않는다면 큰 일이죠. 작은 상처가 생명을 앗아 갈 수도 있으니까요.

> 그러나 몸 안에서는 절대로 굳지 않아요.

> 우리 몸의 혈액 중 3분의 1을 잃게 되면 생명이 위험해요.

피가 굳는 것은 생명을 보호하기 위해 매우 중요한 일이지요. 만약 피가 굳지 않는다면 심장에서 보낸 혈액이 상처를 통해 계속 흘러나오기 때문에 생명이 위험할 거예요. 상처가 나서 세포가 망가지면 새로운 세포를 계속해서 만들어 상처 부위가 회복됩니다.

피부는 스스로 상처가 낫게 하려는 힘을 가지고 있습니다. 상처가 나서 피가 나오면 먼저 혈액이 상처를 뚜껑처럼 덮게 되는데 그 아래의 기저층에서 세포분열을 시작해 상처에 딱지가 생겨 덮이게 됩니다. 그 동안에 기저층 아래에서는 세포의 재생이 이뤄진답니다.

❶ 상처가 나서 혈관이 찢어지면 피가 나온다.

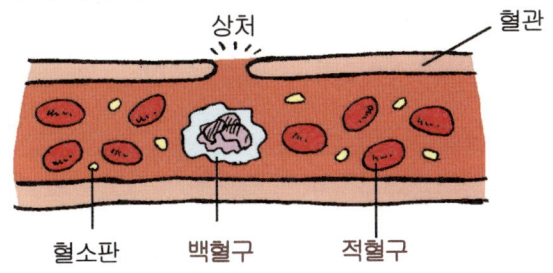

❷ 혈관이 수축해 혈소판이 모여든다.

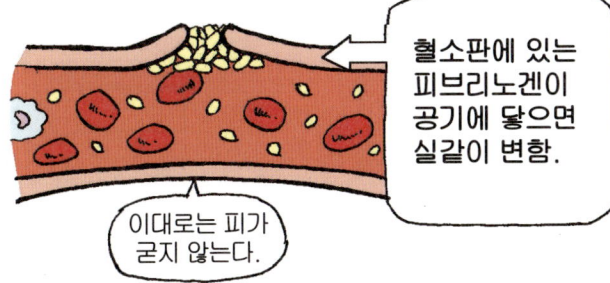

❸ 가느다란 실처럼 생긴 것이 상처 입구를 딱딱하게 만든다.

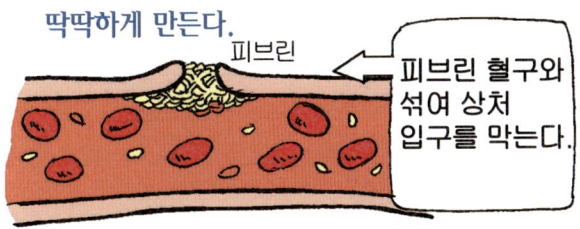

피브리노겐이 피브린으로 변한다.

피는 붉은색 액체로 물보다는 약간 무겁고 끈적끈적합니다. 이 피를 만드는 성분에는 붉은 피톨과 흰 피톨 그리고 피티 같이 모양이 있는 것과 피장같은 액체 모양인 것도 있습니다.

피는 핏줄을 통해 온몸을 돌며 허파에서는 산소를 받아들이고, 창자에서 흡수한 영양분을 받아들입니다. 그래서 몸에 필요한 산소와 영양분을 나누어 주는 대신 몸에 생긴 이산화탄소와 필요 없는 노폐물을 받아옵니다. 피가 날라온 이산화탄소는 허파에서 새로운 산소로 바뀌고, 그 밖에 필요 없는 것들은 콩팥으로 보내 버린답니다.

우리 몸에서 가장 중요한 역할을 하는 혈액이므로 혈관은 사방으로 퍼져 있지요.

■ 적혈구와 백혈구 : 혈구에는 적혈구와 백혈구가 있는데, 적혈구는 헤모글로빈을 가지고 있으며 백혈구에는 없답니다. 백혈구의 수는 사람의 경우 혈액 1㎣중에 평균 7,000개이고 어린아이에게 많습니다. 적혈구는 혈액 1㎣당 남자는 약 500만 개, 여자는 약 450만 개가 있답니다.

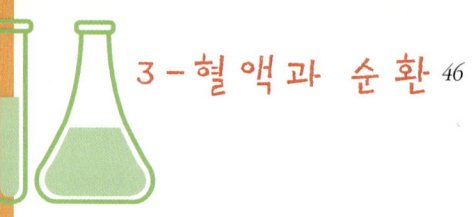

3 – 혈액과 순환

RH 양성의 피를 RH 음성인 사람에게 수혈할 수 없다는데?

RH식은 RH 양성과 RH 음성으로 나뉘는데, RH 양성의 붉은 피톨을 굳히는 **항체**는 애초 사람의 몸에는 없으며 이것이 ABO식 혈액형과 다른 점이랍니다.

RH 양성의 붉은 피톨을 굳히는 항체는 RH 음성의 사람에게 RH 양성의 피를 주사했을 때에만 생기는 것이므로 이것은 ABO식의 경우와 마찬가지로 수혈할 때 주의하지 않으면 안됩니다.

RH 양성의 피를 RH 양성인 사람에게 수혈하는 것은 괜찮지만, RH 음성인 사람에게 RH 양성의 피를 수혈하면 몸 안에서 붉은 피톨이 굳거나 녹아서 병을 일으키기 쉽습니다. 동양 사람은 RH 양성인 사람이 대부분이고 RH 음성인 사람은 불과 1%정도 밖에 되지 않는데, 서양 사람은 RH 음성인 사람이 15%나 된다고 합니다.

– 수혈할 수 있는 피를 보면 –

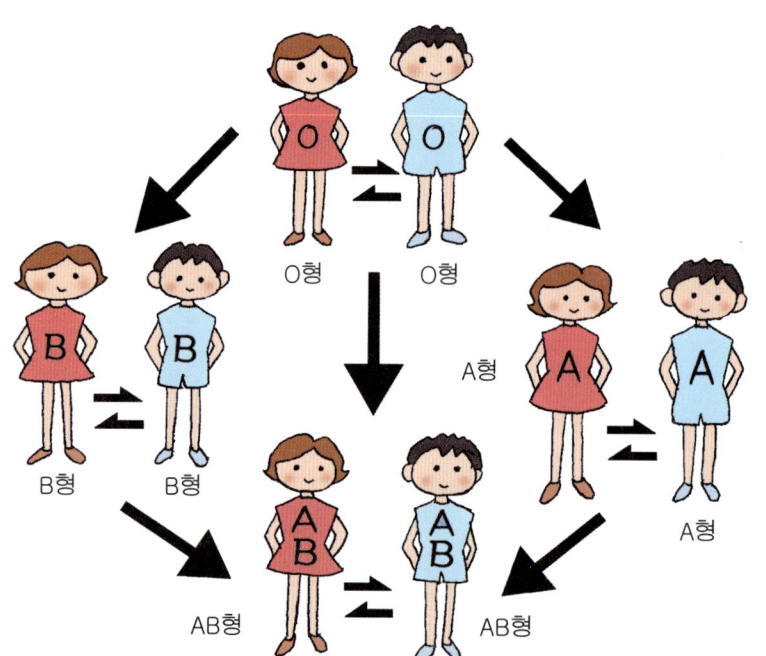

O형은 누구에게나 수혈할 수 있지만, A형은 A형과 AB형에게만 B형은 B형과 AB형에게만 수혈할 수 있고, AB형은 AB형에게만 수혈할 수 있습니다.

RH식이 특별히 주의해야 하는 것은 수혈을 할 때보다도 병든 아기를 낳는 원인이 되는 경우가 있기 때문이지요. RH 양성인 아버지와 RH 음성인 어머니 사이에서 태어나는 RH 양성의 아기는 이미 어머니 뱃속에 있을 때 어린 아기의 RH 양성의 붉은 피톨이 어머니의 몸으로 들어가 RH 항체를 만들고 그것이 아기에게로 다시 돌아와 아기의 붉은 피톨을 굳히기도 하고 녹이기도 한답니다. 그래서 이런 아기는 대개 태어날 때부터 심한 황달이나 빈혈을 지니게 되고 그 때문에 죽는 경우도 있습니다.

또 살아난다고 하더라도 뇌성 소아마비를 일으켜 평생을 장애인으로 보내는 경우가 많지요. 그러므로 교환 수혈이라고 하여 어린 아기의 피를 안전한 어른의 피와 전부 바꾸어 주는 수밖에는 없답니다.

■ 항체 : 혈청 속에 있으면서 생체의 일정한 조직이 항원과 접촉하게 되면 대응하여 생기게 되는데 이를 면역항체라고 합니다.
■ 황달 : 혈액 속에 있는 빌리루빈이라는 물질이 이상적으로 증가하여 얼굴이 노랗게 되는 것을 말합니다.

3-혈액과 순환

내 이마에 혹이 생겼어!

어린이 중에는 실수로 기둥이나 전봇대에 머리를 부딪쳐서 혹이 생기는 일을
가끔 경험한 적이 있을 거예요.

혹 이 생기게 되면 손으로 마구 문지르지 말고 응급처치로 먼저 혹이 생긴 부위를 차게 하고 통증이 가라앉으면 따뜻하게 해주면 됩니다. 이렇게 하는 이유는 혈액 순환이 잘되게 해서 빨리 낫게 하기 위해서랍니다.

머리를 부딪쳐 혹이 생겨 부풀어 오르는 것은 혈액과 혈액 안의 혈장 때문인데 딱딱한 물건에 부딪쳤을 때 혈관이 찢어졌어도 피부가 찢어지지 않으면 피부 안쪽에 상처가 나지요. 그리고 그 상처를 낫게 하려고 혈액과 혈장이 스며 나와서 이른바 내출혈 상태가 되는 것입니다.

혹의 원인은 내출혈인데

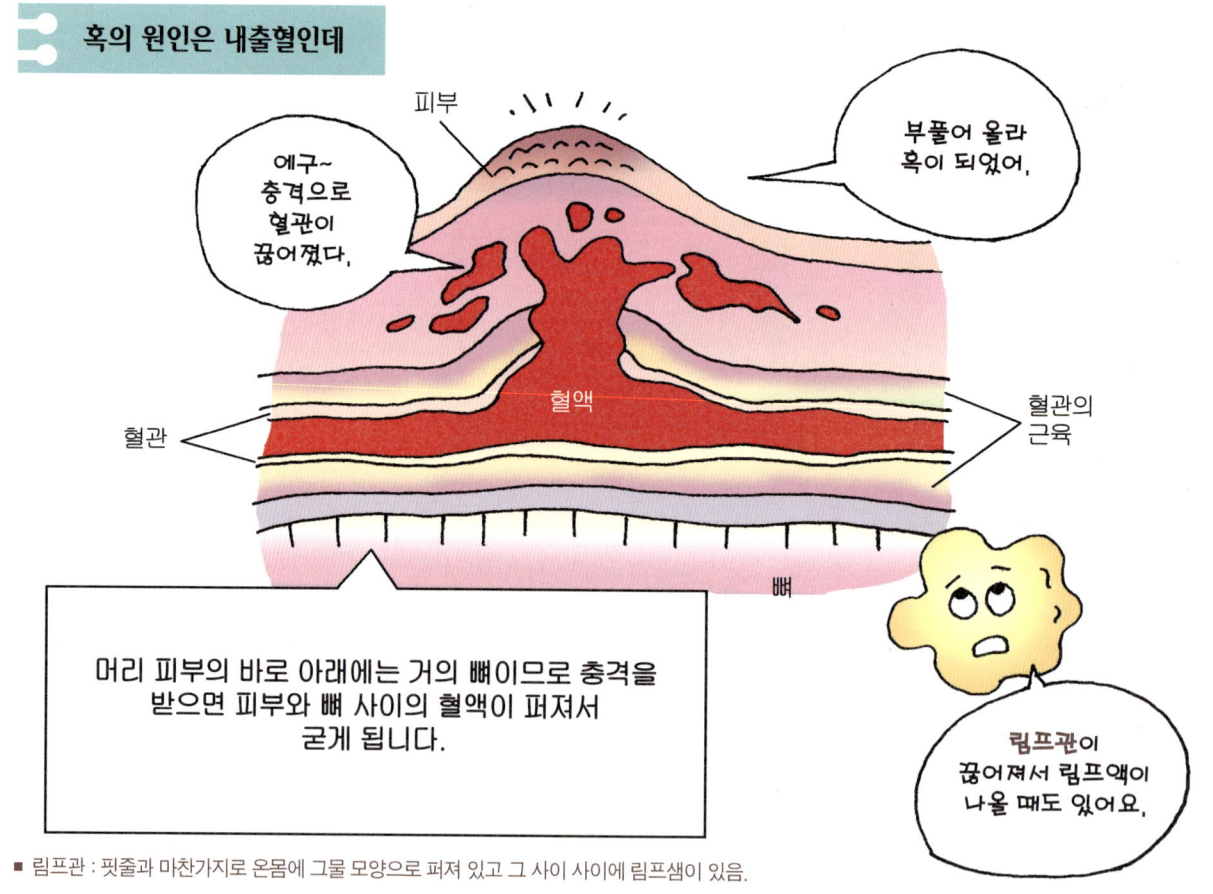

■ 림프관 : 핏줄과 마찬가지로 온몸에 그물 모양으로 퍼져 있고 그 사이 사이에 림프샘이 있음.

또 혹은 이런 혈액 등이 피부와 뼈 사이에 쌓여서 피부를 밀어내 부풀어 오른 것이랍니다. 머리를 손으로 만져 보면 손발에 비해 표면이 딱딱한 것을 알 수 있습니다. 이것은 머리 밑 피부에는 근육이나 지방이 거의 없기 때문이지요. 피부 밑에는 근조직만 있고 딱딱한 뼈로 되어 있으며, 이에 비해 엉덩이나 배처럼 피하지방이 많아서 부드러운 곳에는 혹이 생기지 않습니다. 그 대신 스며나온 혈액이나 혈장이 피부 밑에 퍼져서 푸르스름하게 피부색이 변하는데 이것은 멍이 들어서 그런 거랍니다.

3 - 혈액과 순환

얼굴이 붉어지는 이유는?

술에는 알코올이란 성분이 포함되어 있기 때문에 알코올이 몸 안에 흡수되면 **자율 신경**을 자극하게 됩니다. 자율신경에는 교감 신경과 부교감 신경 등 두 종류가 있습니다.

부교감 신경은 혈관을 팽창시키는 작용을 하고 교감 신경은 혈관을 축소시킵니다. 부교감 신경이 신속하게 반응하는 사람은 혈관이 팽창하기 쉬우므로 술을 마시면 알코올이 몸 안에 흡수되면서 혈액 순환이 잘 되어 빠른 반응을 보이게 되는데 그것이 바로 얼굴이 붉어지는 것이랍니다. 그리고 알코올에 대한 교감 신경의 자극을 쉽게 받는 사람은 반대로 혈관이 줄어들어 혈액 순환이 나빠지게 되므로 얼굴이 창백해지는 것이지요.

술을 마시고 나면

얼굴이 창백해지는 사람 — 이크~ 무시라!

얼굴이 붉어지는 사람 — 와아~ 얼굴이 빨개졌당.

얼굴이 창백해지는 이유는 알코올에 대해서 교감 신경이 자극을 받아 혈관이 축소되어 혈액 순환이 나빠집니다.

둘 다 자율 신경 이에요.

얼굴이 붉어지는 것은 알코올에 대해서 부교감 신경이 잘 반응하여 혈관이 팽창해지기 때문입니다.

■ 자율 신경 : 의지와는 관계없이 신체 내부의 기관이나 조직의 활동을 지배하며 조절하는 신경으로 교감 신경과 부교감 신경이 있음.

또 술을 마신 다음에 그 취기가 깰 때쯤 머리가 지끈지끈 아프다고 하는데 이것은 알코올 때문에 확장된 혈관이 취기가 깨면서 원래 상태로 수축되기 때문입니다. 즉 이상하게도 심장의 고동치는 박자와 맞지 않아서 머리가 아픈 것이랍니다. 그리고 간에서 알데히드 탈수소 효소라는 성분이 작용해 알코올이 재빠르게 이산화탄소와 물로 분해됩니다. 이 효소에는 활동이 빠른 Ⅰ형과 활동이 느린 Ⅱ형이 있습니다. Ⅰ형을 갖지 않은 사람이 술을 마시면 알코올을 바로 분해하지 못하고 자율신경을 자극하게 됩니다. Ⅱ형을 가지고 있으면 알코올이 천천히 분해되어 자율신경에 큰 자극이 없게 됩니다.

자율신경은 자신의 의지대로 자유롭게 움직여지지 않습니다.

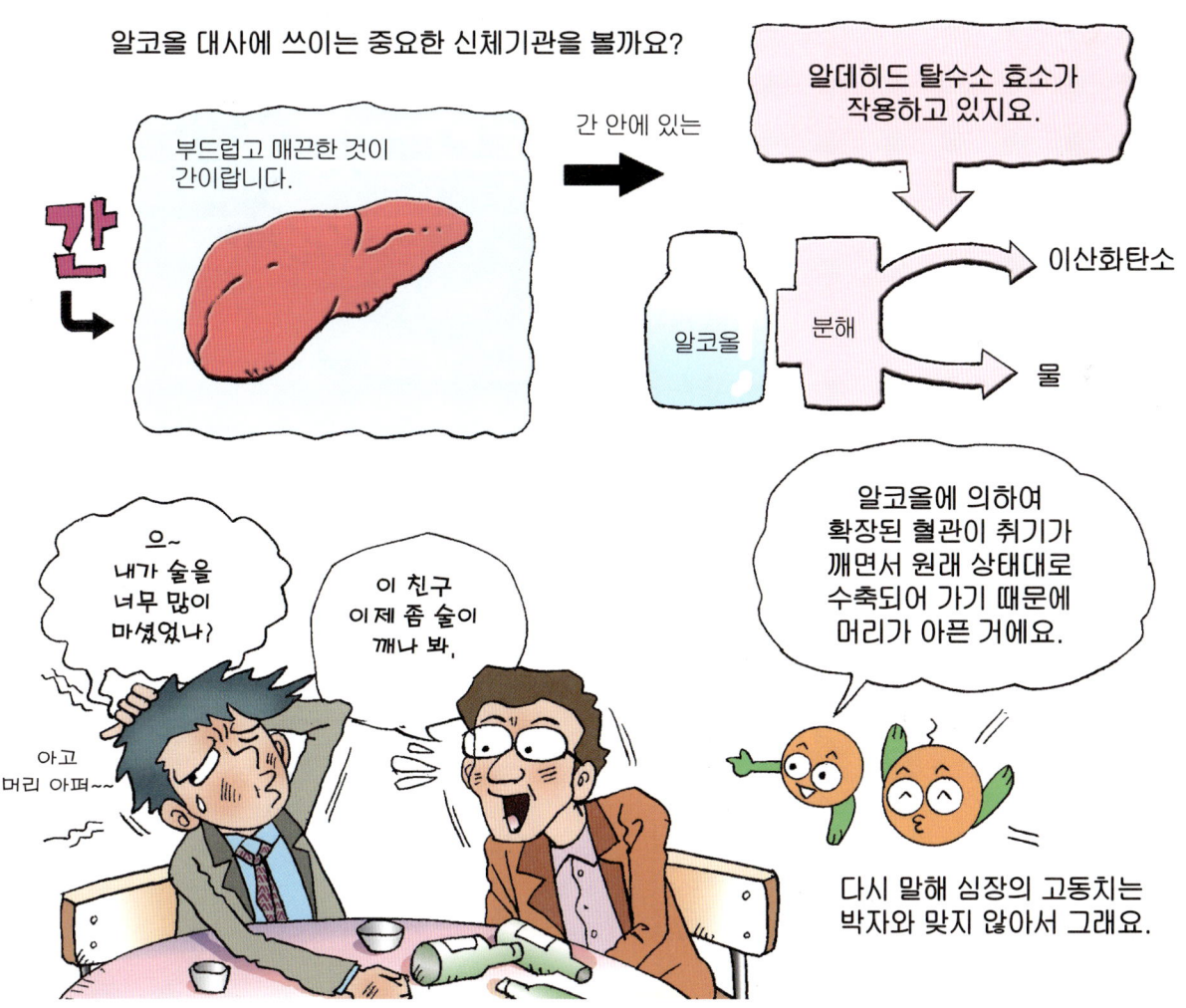

3 - 혈액과 순환

굴이 피를 맑게 해주다니?

굴은 껍질이 둘로 된 바닷조개로 얕은 바다의 바위에 붙어 사는데 큰 것은 보통 30㎝ 정도 되고, 주로 봄과 여름 사이에 1억 개나 되는 많은 알을 낳습니다. 보통 썰물 때 따는데 우리가 먹는 것은 거의가 양식한 것들로 우리나라 남해에서 많이 양식하고 있습니다.

굴은 11월에서 다음해 2월까지 잡히는 것이 가장 맛있다고 합니다. 굴에는 각종 비타민과 철분, 요오드, 인, 칼슘, 망간 등 무기질이 풍부하게 들어 있지요. 그런데 **콜레스테롤**이 많다고 굴을 외면하는 사람도 있습니다. 굴은 돼지고기나 마요네즈보다 콜레스테롤 함량이 많지만, 굴에 있는 콜레스테롤은 불포화 지방산이므로 동맥경화를 유발하는 **포화 지방산**과 다르고 알칼리성 식품이기 때문에 피를 맑게 해준답니다.

굴은 소화 흡수도 도와주고, 식은땀을 잘 흘리는 허약 체질에도 좋습니다.

3. 생굴 속에 들어 있는 성분을 보면

- 무기질 -
칼슘, 인, 나트륨, 아연, 구리, 망간 등이 풍부하고 빈혈 예방, 학습능력 향상, 눈의 피로 감소 등에 효과가 있다.

- 비타민 -
비타민 A, B, C, D, E, 니아신 등을 함유하고 있으며 각기병 예방과 피부, 뼈, 혈관 등이 튼튼해지고 백혈구의 작용을 증강시킨다.

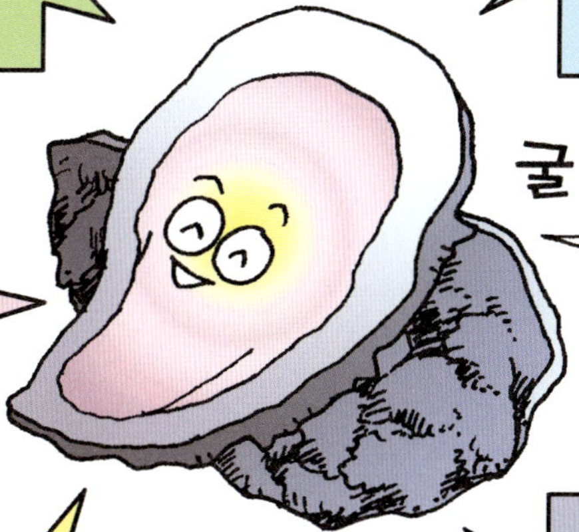

- 당질 -
대부분 글리코겐으로 소화 흡수가 잘 되어 어린이나 노인에게 좋고 체력 회복과 빈혈에 좋다.

굴

- 유기산 -
굴 특유의 상쾌한 맛을 낸다.

- 단백질 -
다른 수산물보다 타우린의 함량이 많고 유아의 두뇌 발달에 좋다. 뇌졸중, 동맥경화나 담석증 등을 예방한다.

- 지방 -
DHA와 EPA가 많이 함유되어 있고 DHA는 학습기능을 향상시키고 항암작용과 노화억제를 하며, EPA는 동맥경화와 고혈압 뇌출혈 등을 예방해 준다.

리고 굴의 단백질을 구성하는 아미노산에는 일반 곡류보다 라이신과 히스타민 등이 많이 들어 있어요. 소화 흡수에도 도움이 되며 굴에는 단백질과 철분이 많기 때문에 식은땀을 잘 흘리는 허약 체질을 개선하는 데 아주 좋답니다.

굴의 종류를 보면 가시굴, 토굴, 태생굴, 장미굴, 큰굴, 작은굴, 각굴 등이 있습니다.

■ 포화 지방산 : 버터나 돼지 기름 등 동물성 지방에 들어 있으며 상온에서는 고체 형태임.
■ 콜레스테롤 : 뇌, 신경, 조직, 혈액 따위에 들어 있으면서 혈액 속에서 이것의 양이 지나치게 많으면 동맥경화증에 걸린답니다.

모기에게 물리면 왜 가려울까요?

한여름 밤에 집집마다 모기와의 전쟁을 일으키는 모습을 종종 볼 수 있습니다.
모기는 사람이나 가축의 피를 빨아 먹으며 질병을 옮기는 곤충으로 몸길이는 0.5~1.5㎝입니다.

모기는 한 쌍의 촉각과 여섯 개의 다리가 있으며 이 촉각과 다리로 냄새를 맡는데 무려 60㎞나 멀리 떨어져 있는 사람의 냄새도 맡을 수 있습니다.

사람의 피를 빨아 먹는 모기는 암모기입니다. 모기들이 피를 빨아 먹으며 살고 있다고 생각하기 쉬우나 모기의 에너지원은 꽃의 꿀이나 수액 등 당류랍니다. 암모기의 입은 뾰족해서 사람의 피부를 쉽게 찌를 수 있고 입은 한 개처럼 보이지만, 사실은 일곱 가닥의 관이나 바늘이 모여 있습니다. 그것들 중 가운데에 있는 윗입술과 타액 관을 꽂아 넣어서 피를 빨고 타액은 혈관 속으로 흘러가게 한답니다.

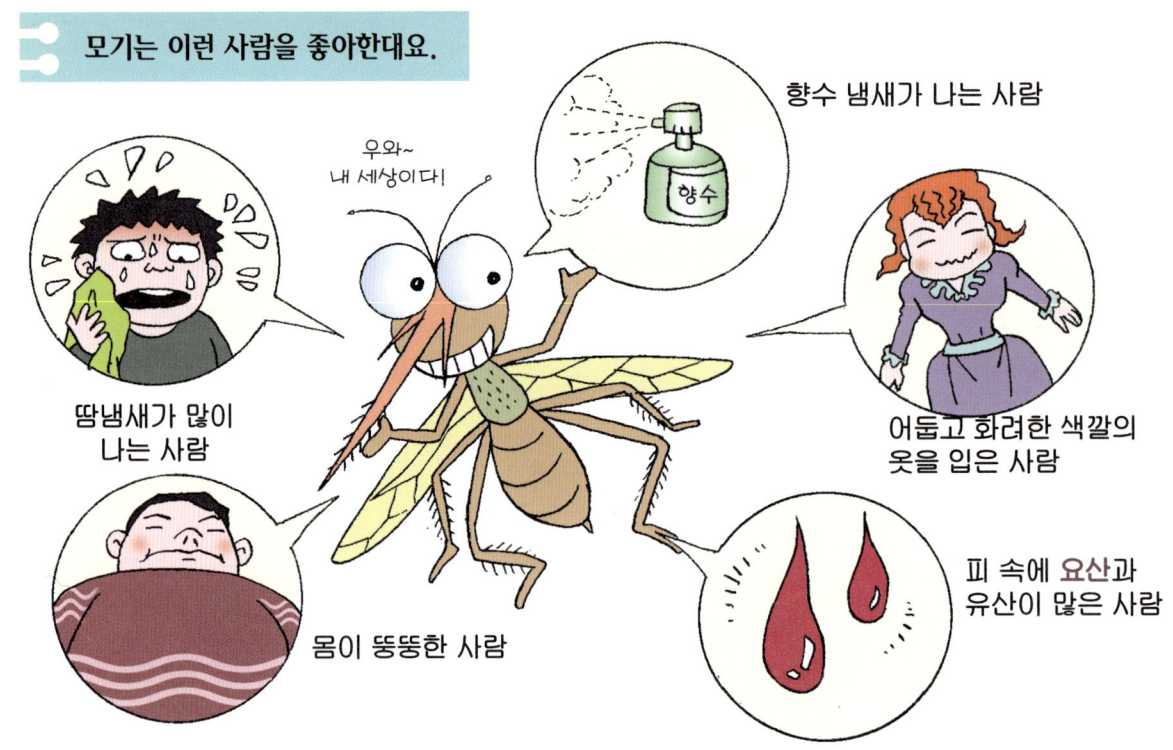

모기는 이런 사람을 좋아한대요.

- 땀냄새가 많이 나는 사람
- 몸이 뚱뚱한 사람
- 향수 냄새가 나는 사람
- 어둡고 화려한 색깔의 옷을 입은 사람
- 피 속에 요산과 유산이 많은 사람

■ 요산 : 사람의 오줌에서 하루에 약 0.6~1.0g이 배출된답니다.
■ 모기 : 지구상에 약 2,500종이 있고, 한국에서는 47종이 있답니다.

그리고 빨아 먹은 피는 대부분 알의 발육을 위해 사용합니다. 혈액은 체외로 나오면 응고하는 성질이 있는데 모기는 이것을 아주 싫어하지요. 그 이유는 피가 굳으면 입이 빠져 나올 수 없고 빨리 굳으면 피를 빨아 먹을 수도 없기 때문이지요. 그래서 모기는 피가 굳지 않게 하는 물질을 침 속에 가지고 있답니다.

모기에 물렸을 때 가려운 것은 바로 이 물질 때문에 사람이 알레르기를 일으키기 때문이랍니다. 모기에게 물리지 않도록 주위환경을 항상 깨끗이 해야 하겠지요.

 모기에게 물리면 가려운 이유는

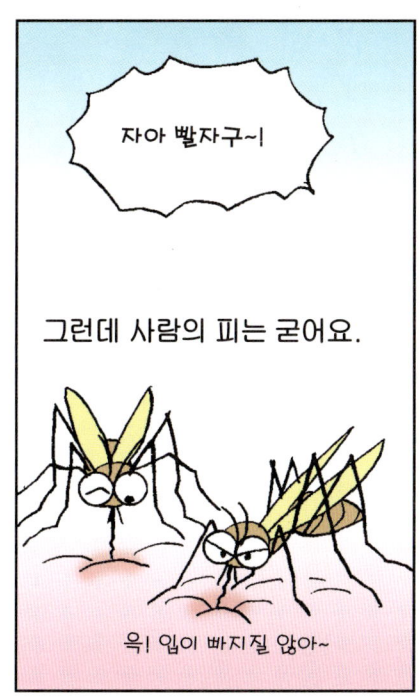

3 - 혈액과 순환

공포의 에이즈(AIDS)란 무엇인가?

에이즈(AIDS)에 걸리면 친구도, 명예도, 그리고 사랑하는 모든 사람들을 잃고 마는 무서운 병이지요.

유엔의 AIDS 퇴치 운동기구인 유엔AIDS는 1996년 6월 7일 AIDS 통계를 발표했는데 전 세계 남녀 2,100만 명이 HIV(인체 면역 결핍 바이러스)에 감염됐고, AIDS로 인한 사망자는 약 700여 만 명에 이른다고 밝혔습니다. 지금까지 AIDS에 감염된 사람들 대부분이 이성 간의 성 접촉에 의해 전염됐으며, 이 중 일부가 수혈을 통해 감염된 것으로 확인되고 있습니다. 여성 감염자의 수도 남성과 같이 5대5의 비율로 급속도로 증가하고 있는 실정이랍니다.

에이즈(AIDS)가 감염되는 경로를 보면

이성 간 성 접촉에 의하여 전염됩니다.

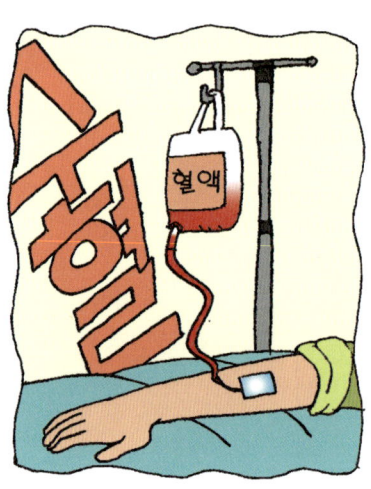

수혈을 통하여 감염되기도 합니다.

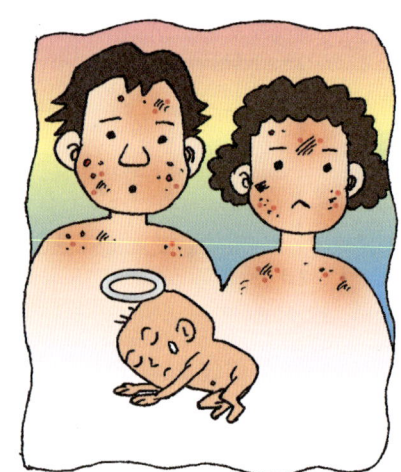

AIDS에 걸린 부모에 의해서 아기도 감염되는 경우도 있습니다.

■ AIDS : 후천성 면역결핍증. 체내의 세포면역 기능이 급격히 떨어져서 일반 사람들에게 나타나지 않는 희귀한 질병으로 각종 감염증이 온 몸에 퍼지는 병을 말함.

공포의 AIDS는 처음에는 HIV로 나타나게 되는데 일단 항체가 양성반응으로 나타나면 AIDS로 보는 것이 좋습니다. 근래에 AIDS 감염자가 가장 많은 곳은 아프리카 지역인데 아시아에서도 서서히 AIDS 환자가 늘어나고 있답니다.

아직은 불치병인 AIDS는 과연 어떻게 발병하고 어떤 증상이 나타날까요? 발병 원인은 남녀 간 접촉이나 수혈에 의해 옮겨진다고 밝혀졌을 뿐이지요.

그리고 AIDS에 걸린 부모에 의해서도 아기까지 AIDS에 걸려 목숨을 잃고 있답니다. AIDS 바이러스는 감염의 원인만 밝혀진 상태여서 어떻게 치료를 해야 할지는 좀더 연구를 해야 한다고 학자들은 입을 모아 말합니다.

AIDS는 1950년대 말 중앙아프리카의 녹색원숭이에게서 전염되어 미국과 유럽 지역으로 전파됐을 것으로 추정하고 있답니다.

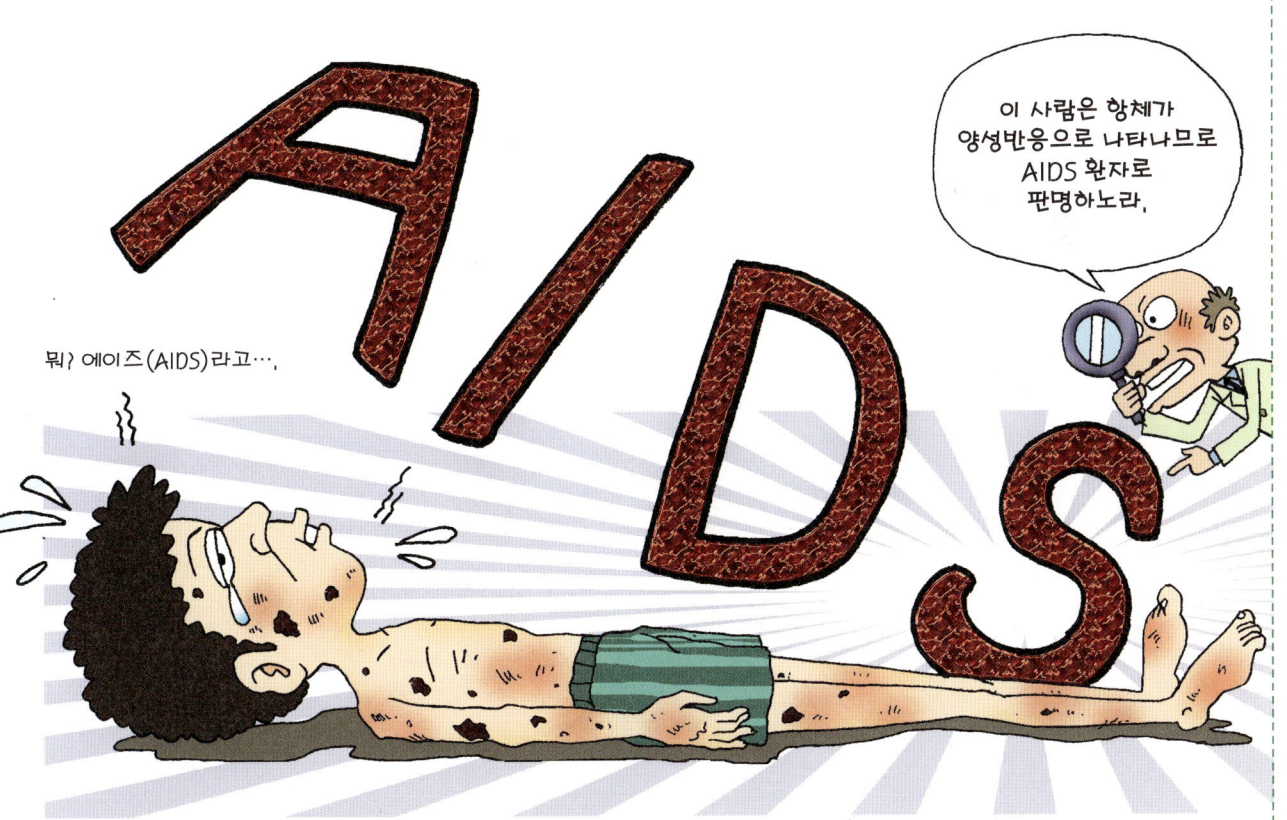

4-호흡과 호흡기관

헉헉 왜 숨이 차는 거야?

숨을 깊이 들이마신 뒤 다시 천천히 내뱉는 심호흡을 하루에 세 번씩만 하면 우리 몸에 아주 좋아요. 몸도 건강해지고 허파가 튼튼해지기 위해서는 우리 몸에 맞는 운동을 꾸준히 하면 된답니다.

허파는 우리가 숨을 쉴 때 공기가 들어오고 나가는 커다란 공기 주머니랍니다. 허파에는 7억5,000개나 되는 작은 관과 주머니가 들어 있어요. 이 작은 관과 주머니를 모두 펼치면 테니스장 하나를 만들 수 있다고 합니다. 그 넓이는 우리 몸을 30번이나 덮을 수 있을 정도로 넓다고 합니다. 허파는 약 5~6리터의 공기를 담을 수 있지만, 우리가 숨 쉴 때 쓰이는 공기는 그 중에서 5분의 1도 안 되고 아무리 숨을 크게 내쉬어도 허파 속에는 많은 공기가 남아 있다고 합니다.

우리가 잠을 자거나 누워 있을 때에는 1분에 약 8.8의 공기만 있으면 되지요. 그런데 앉아 있거나 서있을 때에는 17리터, 걸을 때는 26리터의 공기가 필요하고 달릴 때는 걸을 때의 두 배인 55리터의 공기를 호흡한다고 합니다.

숨관 가지의 끝모습

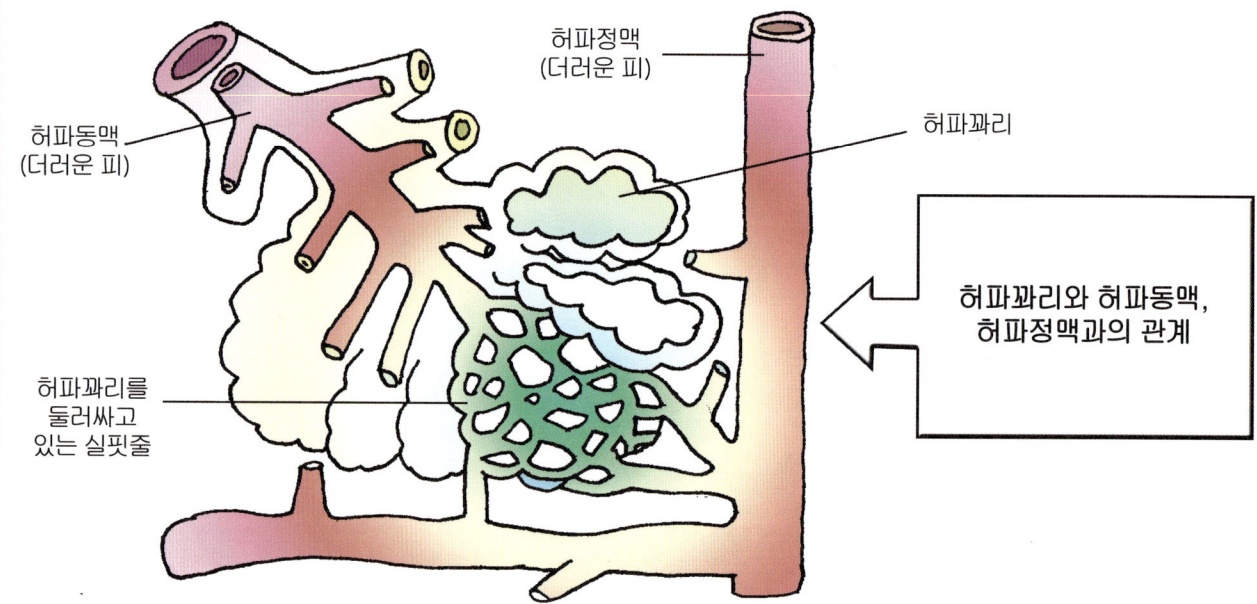

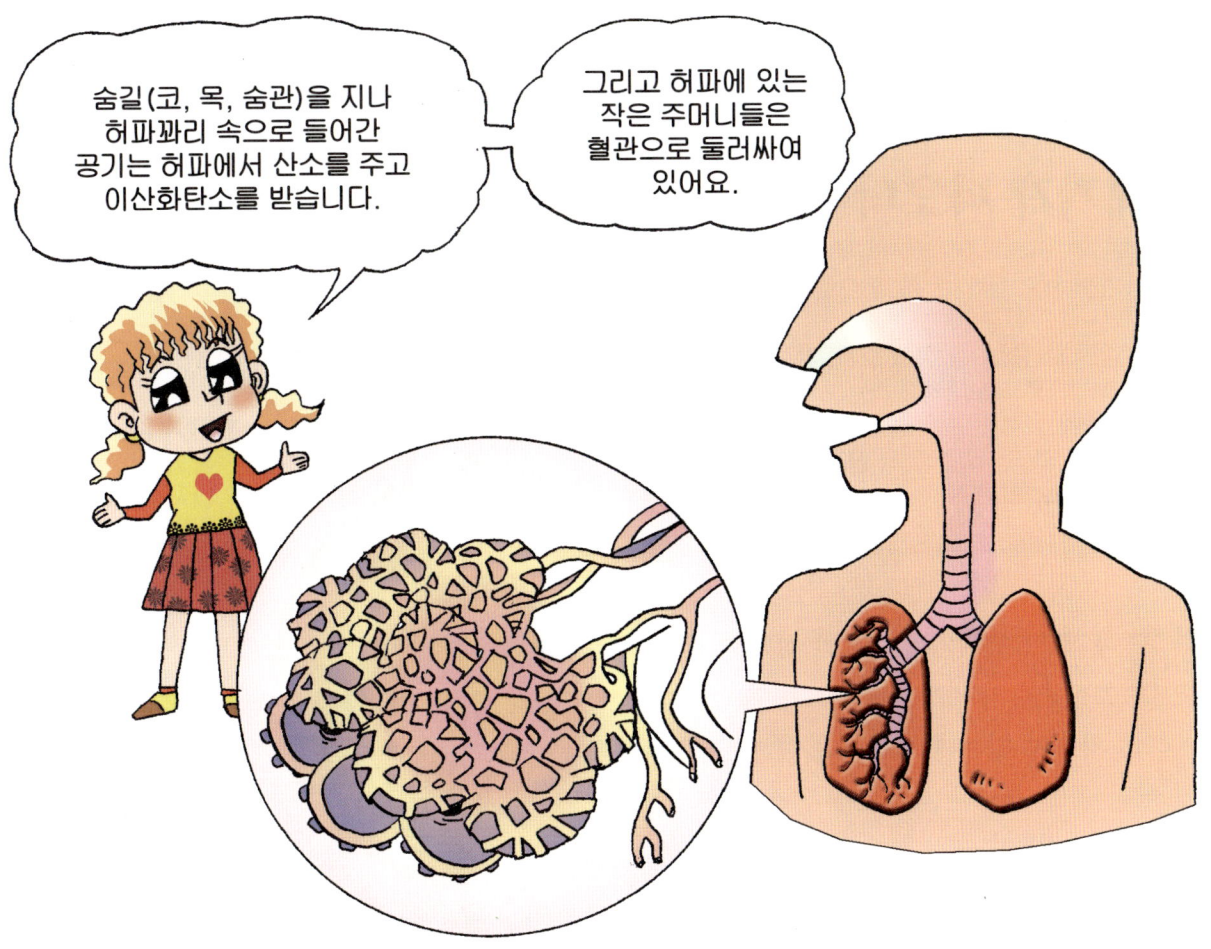

폐 활량은 나이가 들수록 적어지는데 남자의 경우 매년 1%씩 감소해서 75세가 되면 30대 **폐활량**의 45% 정도 밖에 되지 않는답니다. 우리의 웃음은 허파에서 공기를 짧게 끊어서 여러 차례 내보내는 동작을 말하는데요. '호호호' 웃든지, '깔깔깔' 웃든지, '하하하' 웃든지 간에 모든 웃음은 허파에서 공기를 짧게 내보내는 것이지요.

또 우리가 울 때에도 허파가 하는 일 역시 웃을 때와 똑같은데 울 때에도 허파에서는 공기를 짧게 끊어서 내보내게 된답니다.

운동을 하면서 달리거나 할 때 숨이 많이 차는 것을 경험했을 거예요. 그러나 갑자기 무리한 운동은 삼가는 게 좋습니다.

■ 폐활량 : 한 번 숨을 들이마시고 내뱉을 때 폐에 출입하는 최대의 공기량.

4-호흡과 호흡기관

꽃가루 때문에 재채기가 나오다니?

누구나 가끔 하는 재채기는 코 안으로 들어오려는 꽃가루나 먼지와 티끌, 그리고 감기 바이러스 등 몸에 좋지 않은 물질을 코 밖으로 내보내려고 하는 반사적인 작용입니다.
그러므로 자신의 의지와는 전혀 상관없이 갑자기 나오는 것이지요.

음식물은 식도를 통해 위로 들어가고 공기는 기도를 통해 허파로 들어가는 거에요.

공기 중의 꽃가루나 먼지가 코의 점막을 자극합니다.

재채기가 나오는 것은 코의 점막 자극이나 호흡근육의 긴장, 그리고 몸의 방어반응이라는 과정이 있는데 먼저 호흡을 할 때 공기에 섞인 몸에 해로운 물질들을 마시게 되면 콧구멍 안의 점막이 좋지 않은 물질을 잡아 폐 안으로 들어오는 것을 막기 때문이지요.

코 점막이 이물질에 의해 자극을 받게 되면 이 자극은 신경을 거쳐서 **횡격막**과 늑골 사이의 근육과 같은 호흡근육에 전달되어 긴장시키게 됩니다. 좋지 않은 물질들을 많이 들이마실수록 자극이 강해지면서 호흡근육의 긴장도 매우 커진답니다. 그래서 이 긴장을 견딜 수 없으면 호흡근육이 한꺼번에 긴장을 풀게 되는 거랍니다.

또 밥을 먹다가 기침을 할 때 튀어나온 밥알이 날아가는 속도는 박찬호 선수가 던지는 야구공만큼이나 빠른데, 시속 160km가 넘으니 놀라운 정도이지요.

그리고 기도에는 수많은 군사와 청소부들이 있습니다. 코에 있는 코털이 먼지를 걸러주고 콧물이 세균을 죽이기도 하지만 그곳을 무사히 통과한 세균과 먼지들도 있답니다. 그러나 먼지나 세균들은 허파까지 들어갈 수가 없는데 그것은 기도 벽에 끈끈한 액체가 있어서 몸으로 들어오는 세균을 모두 잡아 놓고 리소자임이라는 효소를 뿜어 세균들을 녹여버립니다.

청소부들은 코털이 걸러내지 못한 먼지를 청소하는 일을 하는데 얼마나 부지런한지 1분에 약 200번이나 빗자루 질을 한답니다. 가래는 청소부들이 쓸어모은 먼지와 죽은 세균들이랍니다. 그래서 공기가 나쁜 곳에 있으면 가래가 많이 생기는 것이지요.

■ 횡격막 : 가슴과 배를 나누는 근육으로 이루어진 막. 포유류에만 있음.

4 – 호흡과 호흡기관

하품이 나오는 이유는?

체내에 산소를 공급하기 위한 운동인 하품은 잠을 못 자고 꼬박 밤을 새웠거나, 누군가에게 지루한 이야기를 긴 시간 동안 듣고 있을 때, 다른 사람이 하품을 하는 것을 보고 옮는 것으로 자신의 의지와는 상관없이 저절로 나오는 것이랍니다.

하품은 뇌 운동이 둔해졌다는 신호와 같으므로 체내에 산소를 많이 공급하여 둔해진 뇌 운동을 원래 상태로 되돌리려는 운동이지요.

"산소를 많이 집어넣어라" 하는 명령은 대뇌의 뒤에 있는 간뇌에서 나오는데 하품은 이렇게 발생하는 '조건반사 운동'이라고 한답니다. 옆 사람이 하품을 하면 자신도 모르게 따라하게 되는데 이것은 옆 사람에게 전염된 것이 아니라 하품을 하는 사람과 같은 방안에 있다는 것은 똑같이 이산화탄소가 많은 곳에 있다는 것을 의미하지요.

그러므로 산소가 부족한 것을 느끼기 때문에 하품이 나오기 쉬운 상황에 있게 됩니다. 그럴 때 하품을 하는 것을 보면 자극을 받아 저절로 하품이 나오게 됩니다.

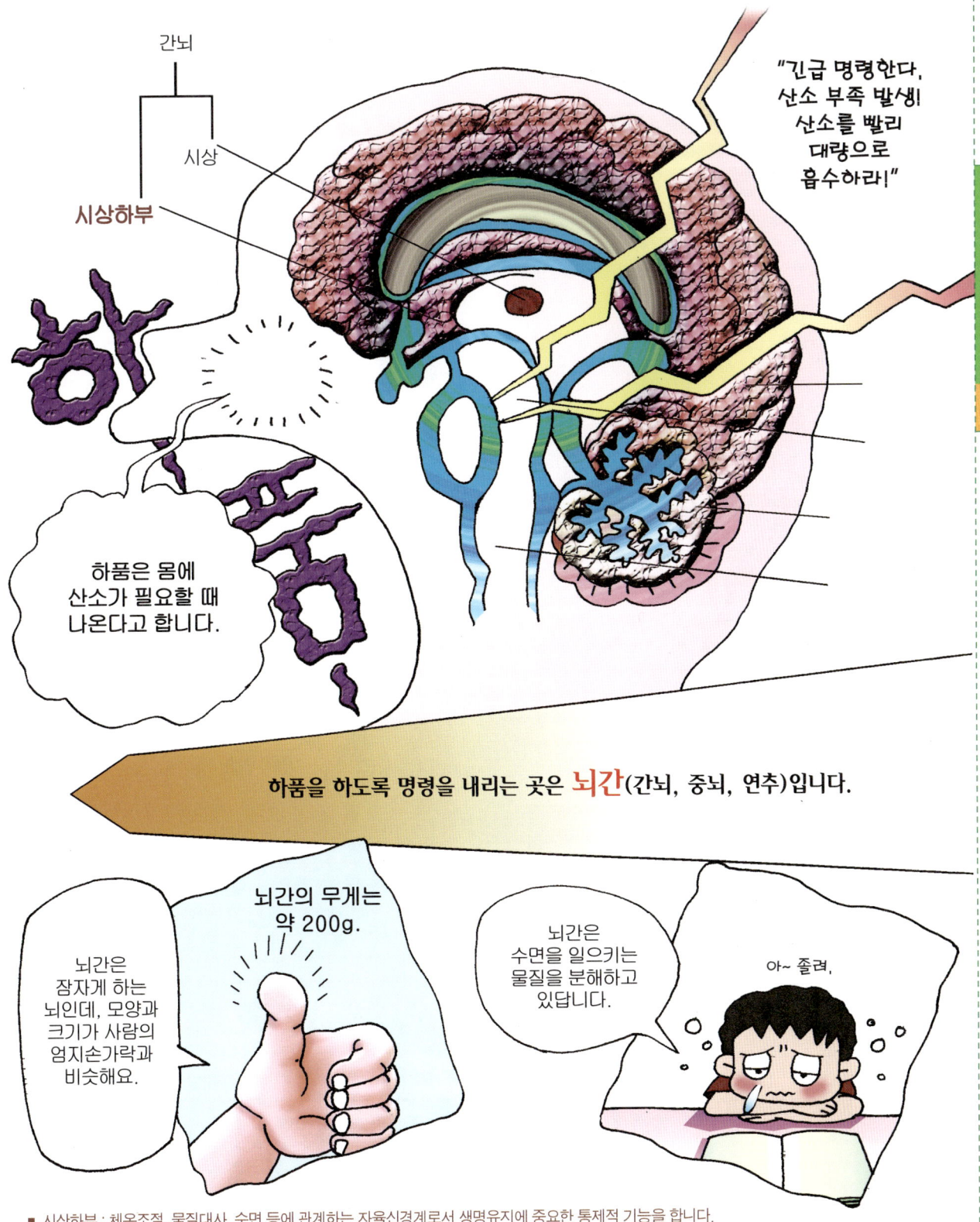

4 – 호흡과 호흡기관

딸꾹질을 멈추려면?

딸꾹질을 멈추게 하려면 우선 설탕물을 마시면 됩니다. 설탕물의 단맛이 혀에 있는 신경을 자극해 딸꾹질을 멈추게 합니다. 그리고 양쪽 귀에 손가락을 넣고 귀에 있는 신경을 자극해 멈추는 방법이 있고, 면봉으로 목젖 간질이기, 잠깐 동안 숨 멈추기, 종이 봉지 속에서 숨쉬기 등 여러 방법이 있습니다.

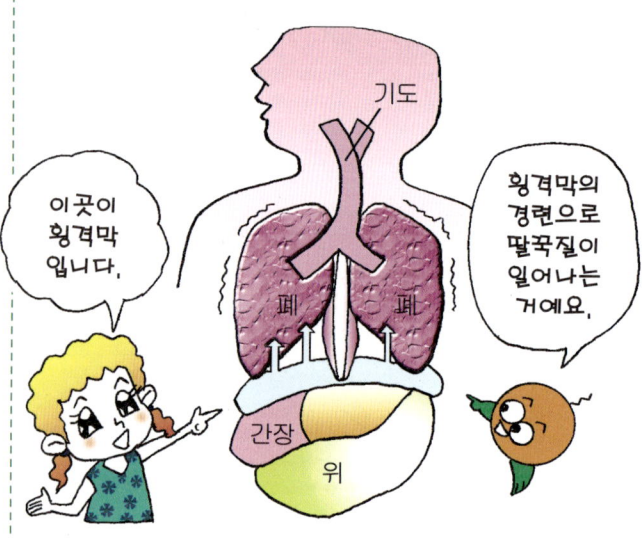

딸꾹질은 어떤 원인으로 인해 자극받은 횡격막이 경련을 일으켜 성대가 좁아지게 되는데 좁아진 성대에서 공기가 갑자기 터져 나오는 현상을 말합니다.

경련은 보통 수십 초 간격으로 일어나는데 "딸꾹"하는 소리는 횡격막의 자극으로 열려진 성대가 갑자기 숨을 들이마시기 때문에 생기는 것이지요.

예를 들어 밥을 먹은 후에 위가 팽창하거나 감정이 고조됐을 때 횡격막이 자극을 받아 딸꾹질이 나오는 경우도 있답니다. 횡격막은 갈비뼈를 둘러싼 근육과 함께 호흡을 돕고 숨을 들이마실 때는 횡격막이 아래로 내려가면서 근육이 갈비뼈를 들어 올려 허파의 공간을 크게 만듭니다.

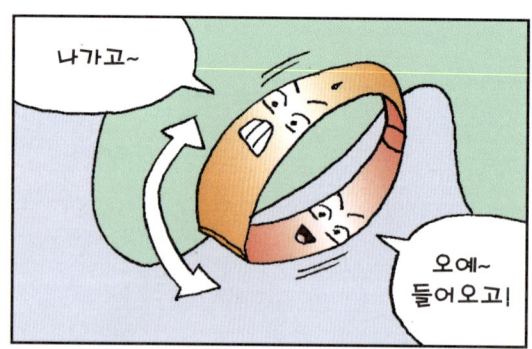

허파의 횡격막은 아래 위로 움직여서 숨 쉬는 일을 돕고 있지요.

우리가 흔히 경험하는 딸꾹질은 시간이 지나면 멈추기 때문에 해로운 것은 없으나 아주 드물게 전염병, 중독, 위장병, 호흡기 질환 등의 원인이 되는 경우도 있으므로 심할 경우 병원에서 치료를 받는 것이 좋답니다. 가벼운 딸꾹질은 자신도 모르게 멈추기도 하지만 너무 오랫동안 멈추지 않으면 귀찮을 뿐 아니라 몸에도 부담을 줄 수 있습니다.

딸꾹질을 멈추게 하는 여러 가지 방법

설탕물을 마시거나,

잠깐 동안 호흡을 멈추기도 해보고,

깜짝 놀라게 하거나,

등을 두드려 주기도 하고,

양쪽 귀에 손가락을 넣기도 하며,

면봉으로 목젖을 간질여 보기도 해 보세요.

■ 갑자기 놀라면 딸꾹질이 왜 멈출까? :
갑자기 깜짝 놀라면 호흡기관의 근육도 놀라게 되지요. 그래서 다시 정상적으로 작동하기 때문이랍니다.

4 - 호흡과 호흡기관

쥐한테 물리면 안 되는 이유는?

우리는 가끔 TV에서 나오는 실험쥐를 보면서 귀엽다고 생각할 수 있는데 그것은 큰 오해랍니다. 왜냐고요? 쥐는 위험한 동물이기 때문이예요.

한국 전쟁 때인 1951년 휴전선 부근에서 군인들이 아무 이유 없이 고열과 탈수 증세로 죽어나갔답니다. 나중에 그 이유를 알게 됐는데 무서운 독을 가진 뱀이 아닌 쥐 때문이었어요. 싸우다 죽은 병사들의 썩은 시체를 뜯어먹고 살던 들쥐가 사람들에게 병을 옮겼던 것이에요.

매년 우리나라에서는 법으로 정해진 전염병인 **유행성 출혈열**때문에 사망률이 7%나 됩니다. 이 병은 한탄바이러스에 속하는 한탄바이러스, 서울 바이러스나 푸우말라 바이러스, 무에르토벨리 바이러스들의 호흡기 감염으로 시작된답니다.

독사보다 들쥐가 더 무서워.

쥐들의 대변이나 소변,

또는 침에서 감염되어…

호흡기를 통하여 감염됩니다.

유행성 출혈열은…

이 바이러스는 쥐들의 대변이나 소변, 침에서 많이 배설됩니다. 한탄바이러스나 서울바이러스를 포함하는 분비물이 건조된 후 공기 중에 떠돌아다니다가 호흡기를 통하여 다른 쥐나 사람에게까지 질병이 전파되지요.

전염 초기에는 독감 증상과 비슷하고 전신쇠약과 식욕부진으로 시작하여 고열과 심한 두통 및 복통을 느끼며 3~4일 후에는 눈, 코, 입, 얼굴 및 가슴 등에 출혈반점이 생깁니다. 그 후에는 심한 요통과 위장 출혈이 오며 1주일이 되면 신장염을 동반한 심한 단백뇨와 감뇨기가 오면서 혼수상태에 빠져 결국에는 사망하는 수가 있답니다.

유행성 출혈열에 감염되지 않으려면 들이나 산에 갔을 때 잔디나 풀밭은 피해야 하며 특히 들쥐에게 물리지 않도록 조심해야 합니다.

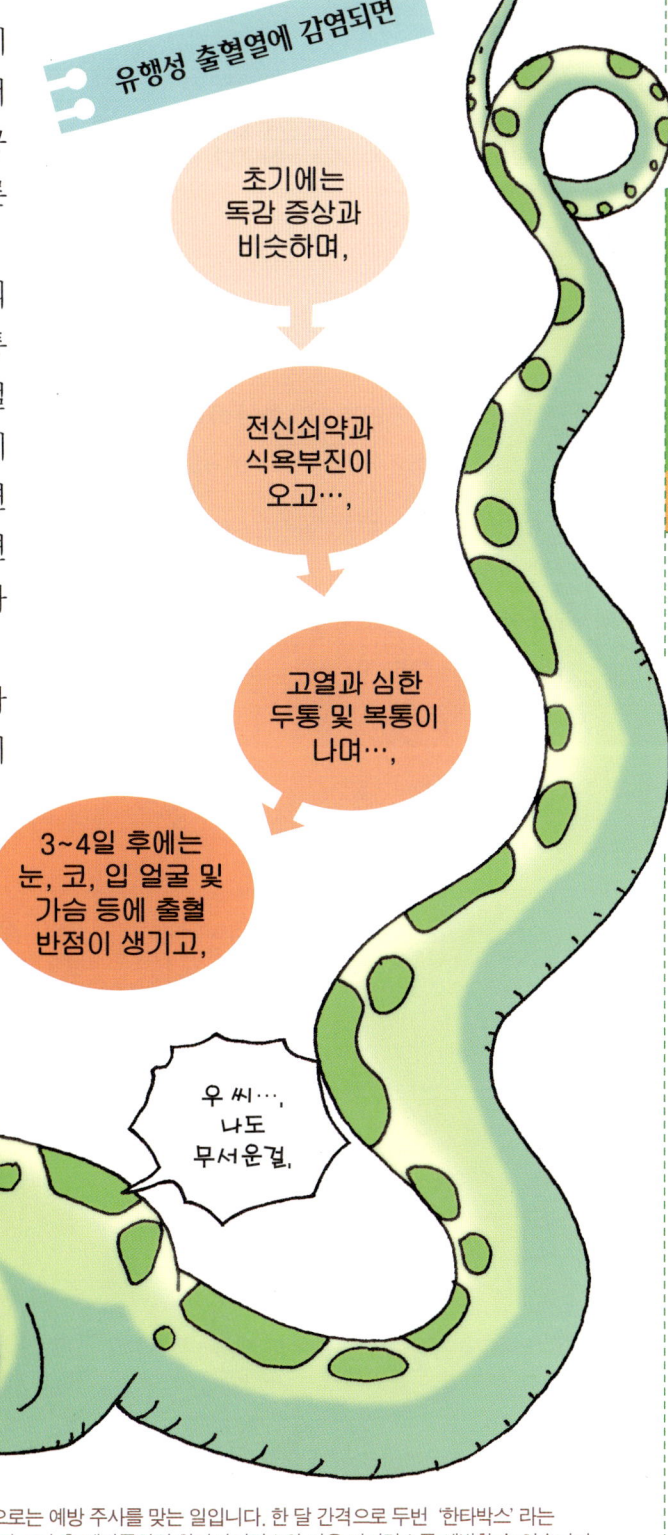

유행성 출혈열에 감염되면
- 초기에는 독감 증상과 비슷하며,
- 전신쇠약과 식욕부진이 오고…,
- 고열과 심한 두통 및 복통이 나며…,
- 3~4일 후에는 눈, 코, 입 얼굴 및 가슴 등에 출혈반점이 생기고,
- 심한 요통과 위장출혈이 오며,
- 단백뇨와 감뇨기가 와서 혼수상태에 빠져 사망에 이르게 됩니다.

우 씨…, 나도 무서운걸.

■ 유행성 출혈열의 예방 : 가장 효과적인 방법으로는 예방 주사를 맞는 일입니다. 한 달 간격으로 두번 '한타박스' 라는 주사를 맞게 되면 약 1년간 유지될 수 있습니다. 1년 후 재접종하면 한타바이러스와 서울 바이러스를 예방할 수 있습니다.

4 - 호흡과 호흡기관

공포의 괴질 사스란 무엇인가?

사스의 원인균은 홍역과 개, 그리고 디스템퍼 등 사람과 동물 중 특정 그룹의 질병을 일으키는 바이러스균인 파라믹소 바이러스인 것 같다고 독일 프랑크푸르트 대학 바이러스 연구소의 볼프강 플라이저 박사가 밝혔습니다.

파라믹소 바이러스는 홍역이나 볼거리 등 특정 질환을 일으키는 바이러스를 총칭하는 말이며, 전자 현미경으로 관찰한 결과 문제의 병원균이 파라믹소 바이러스와 같은 크기와 구조를 가진 것으로 드러나 괴질의 원인균일 가능성이 크다고 밝혔답니다.

지구촌이 '중증급성 호흡기 증후군(SARS)'으로 불리는 괴질 사스로 공포에 떨고 있는데 괴질이란 말은 '원인을 알 수 없는 병'이라는 뜻입니다.

중국 광둥성에서 발병해 전 세계로 퍼지고 있는 사스는 어느새 40여 개 나라에서 3,000여 명이 감염되고 100명이 넘는 사람들이 목숨을 잃게 됐답니다.

■ SARS : 2003년 3월 중순 홍콩의 미국인 사업가가 사망하면서 처음으로 보고되었다. 그를 치료한 중국, 홍콩, 베트남의 의료진들도 차례로 감염되었다. 그러나 병의 진원지는 같은 해 2월 호흡기 질환으로 5명이 사망한 중국의 광둥성으로 추정되고 있다. 2003년 7월 초 세계보건기구(WHO)가 대만의 경계령을 해제하면서 사태가 안정되었다.

괴질 사스에 걸리게 되면 섭씨 38도 이상의 고열과 호흡기 증상인 기침, 인후통, 호흡곤란, 잦은 호흡 같은 독감 환자들과 비슷한 증세를 보입니다. 일부 환자들은 폐렴으로 발전해 호흡곤란을 호소하는 동시에 심하면 산소호흡기를 사용해야 한답니다.

공포의 괴질 사스는 환자가 재채기나 기침을 할 때 나오는 작은 침방울에 의하여 전염될 수 있으며 전염성이 매우 높은 것으로 보고 있지요. 현재 의사들은 외출시 손과 발을 깨끗이 씻고 더러운 손으로 눈과 코, 입 등을 만지지 말 것을 당부하고 있습니다.

5 - 입과 치아

앞니가 칼이라는데 왜 그럴까?

이는 음식물을 잘게 부수는 중요한 일을 합니다. 이가 음식물을 잘게 부술수록 침, 위액, 담액, 췌액, 장액 등과 잘 섞여 이들의 작용을 아주 쉽게 하게 해주지요.

이는 이골무, 이뿌리로 나누어지는데 이골무는 잇몸의 밖에 나와 하얗게 보이는 부분이고, 이골무의 표면은 에나멜질로 덮여 있어요. 에나멜질은 몸 안에서 가장 단단한 물질로서 이 안에 있는 약간 연한 상아질을 보호하고 있습니다.

유치는 어렸을 때 나는 이를 말하면 모두 20개가 납니다. 20개의 이는 커가면서 모두 빠져버리고 32개의 이가 새로 납니다. 새로 난 32개의 이는 우리가 평생 쓰게 되는 이(영구치)랍니다.

이는 보통 네 종류가 있는데 먼저 앞니를 살펴보면 한가운데 나 있는 아래와 위 4개의 이를 말하고, 특히 앞니는 끝이 칼날처럼 날카로워서 음식물을 자르기에 매우 편리하게 되어 있답니다.

그리고 송곳니는 앞니의 바깥쪽 좌우상하가 각각 2개씩 4개가 있는데 송곳니는 끝이 창같이 뾰족합니다.

송곳니 안쪽에는 이가 2개씩 나 있는데 이것은 앞어금니로 상하좌우 모두 8개가 있고 절구통 모양을 하고 있기 때문에 음식물을 잘게 부술 수 있습니다.

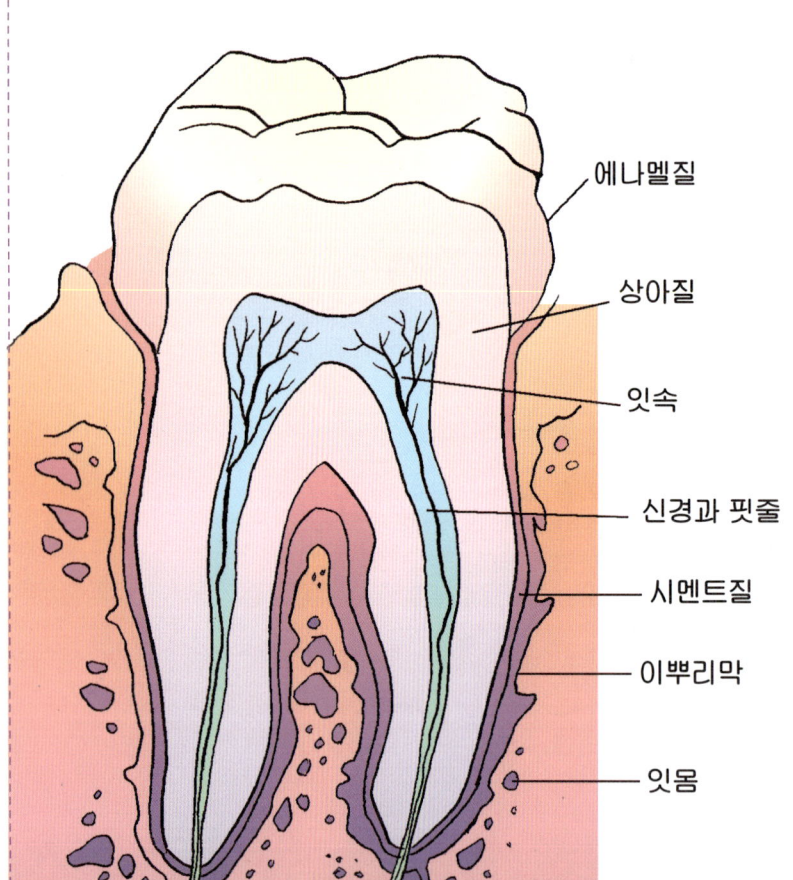

그리고 뒤어금니는 앞어금니와 마찬가지로 음식물을 잘게 부수는 역할을 하는데 뒤어금니는 간니이므로 젖니에는 없습니다.

이를 소홀히 관리하면 썩어서 어금니가 빠지게 되어 음식물을 앞니로만 씹어야 하므로 아래턱이 튀어 나오게 됩니다. 그러면 얼굴 모양이 몹시 흉하게 될 수 있답니다.

이를 튼튼히 하려면 입안을 항상 깨끗이 헹구고 잘 닦아야 합니다.

특히 칼슘은 이의 주성분입니다. 물론 비타민 A, C, D 등도 중요한 영양소이므로 부족하지 않도록 해주어야 한답니다.

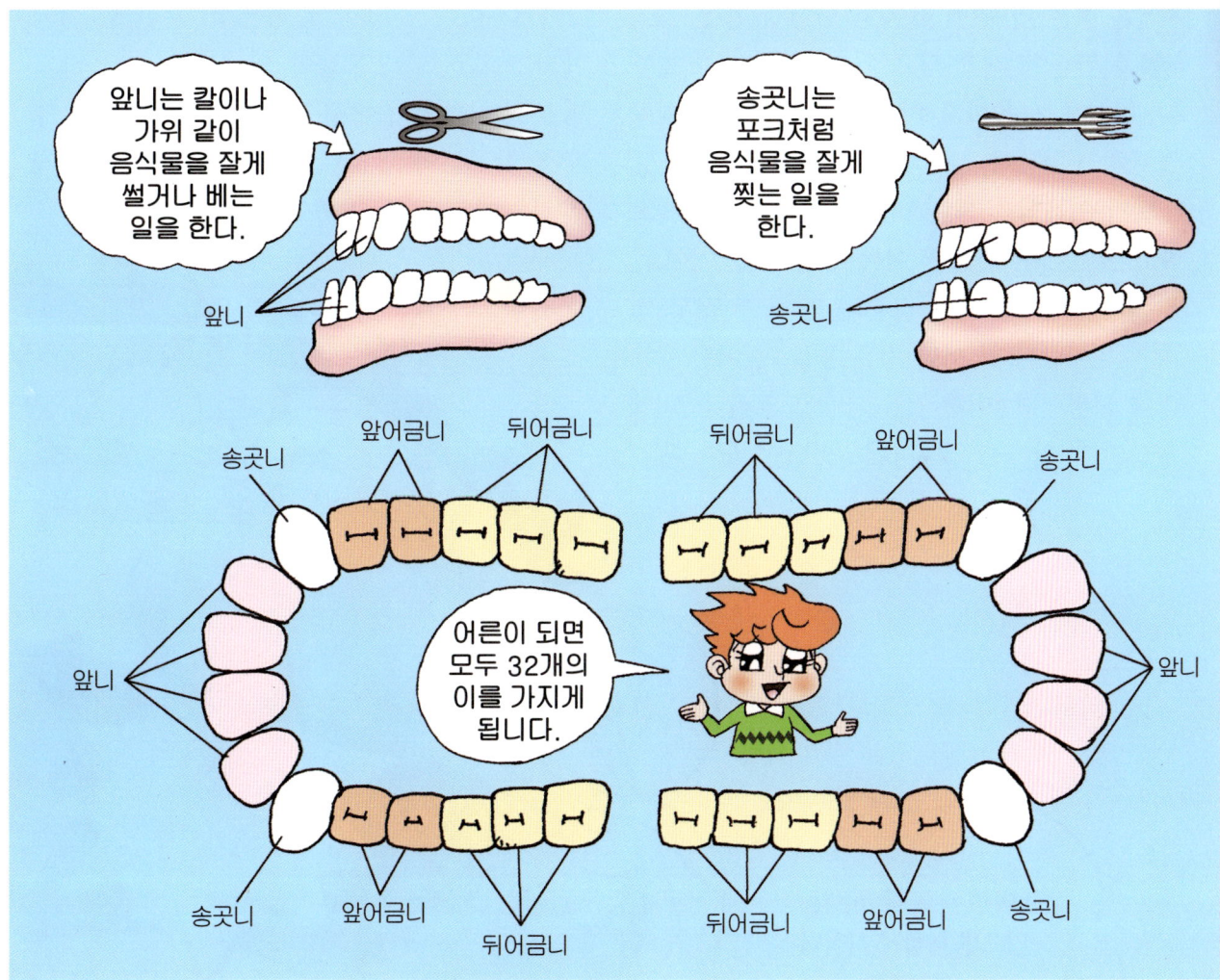

■ 사랑니 : 주로 10대에 나기 시작하며 상하좌우에 1개씩 합하면 4개이다. 다른 이에 비해 퇴화 현상이 있으며 위축경향이 있다. 약 60%의 사람들이 4개의 사랑니가 나는것으로 알려진다.

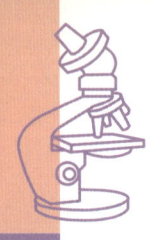

5- 입과 치아

치석이란 무엇인가?

치석은 침 속의 무기질이 끈적끈적한 플라크와 만나서 이 위에 엉겨 붙어 시멘트처럼 굳어진 것입니다.

치석은 이 위에 돌처럼 단단한 층을 계속 만들어 가고 있으며 이를 잘 닦지 않거나 치실을 사용하지 않는 사람들에게는 더욱 많아지게 됩니다.

맛있는 음식을 먹는 여러분의 입을 현미경으로 자세히 들여다보면 아마 깜짝 놀랄 거예요. 갖가지 미생물들이 여러분의 입 안에 살고 있기 때문이랍니다. 어떤 것은 둥글고, 어떤 것은 막대 모양이며, 어떤 것은 나선 모양을 한 미생물들이 입 안에서 엄청나게 붐비고 있답니다.

여러분이 지금 공부를 하는 이 순간에도 1억 마리가 넘는 미생물들이 입 안쪽 어딘가에서 먹고 번식하며 노폐물을 내놓고 있겠지요. 그래서 여러분의 입 속은 몸에서 가장 비위생적인 곳이라고도 할 수 있을 거예요.

이를 자주 닦아주지 않으면 이렇게 치석이 생겨요!

미생물이 1억 마리 생존하고 있음.

1 676년에 세계 최초로 세균을 발견한 사람은 네덜란드의 옷감장수인 안토니 반 레벤후크입니다. 그가 어느 날 취미 삼아 현미경을 만들어서 이곳 저곳을 살피다가 우연히 자신의 이에서 긁어낸 플라크를 관찰하던 중 플라크 속에 살고 있는 작은 미생물들을 발견하게 되었답니다.

치과의사들이 이에서 치석을 긁어서 제거하는 일을 **스케일링**이라고 하는데 이에 돌처럼 단단하게 앉은 물질을 깎아내고 파내는 일을 말합니다.

여러분도 무서워하지 말고 치과에 가서 치석을 제거해줘야 한답니다. 그래야 튼튼하고 건강한 이를 오래도록 간직할 수 있으니까요.

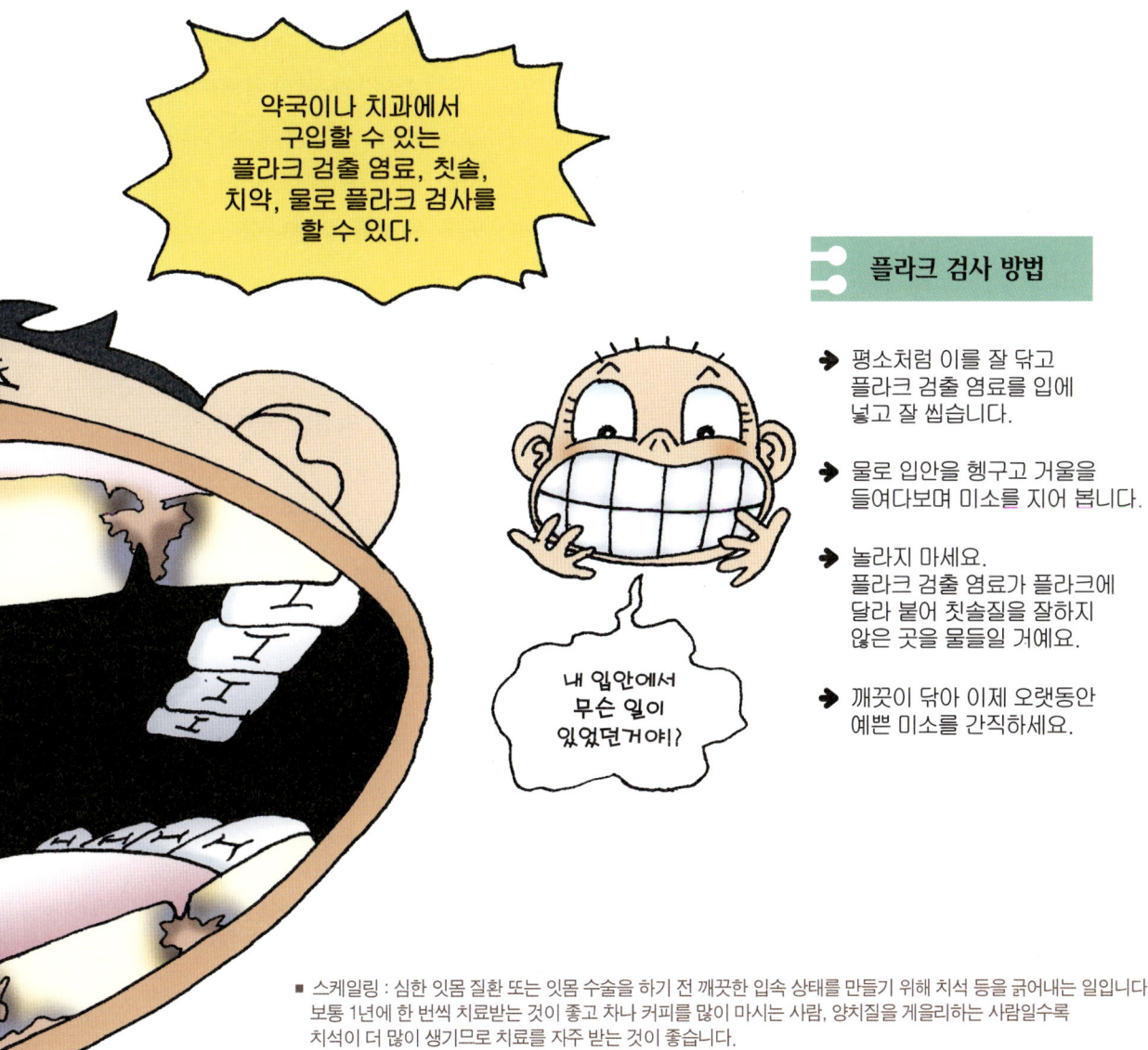

약국이나 치과에서 구입할 수 있는 플라크 검출 염료, 칫솔, 치약, 물로 플라크 검사를 할 수 있다.

내 입안에서 무슨 일이 있었던거야?

플라크 검사 방법

→ 평소처럼 이를 잘 닦고 플라크 검출 염료를 입에 넣고 잘 씹습니다.

→ 물로 입안을 헹구고 거울을 들여다보며 미소를 지어 봅니다.

→ 놀라지 마세요. 플라크 검출 염료가 플라크에 달라 붙어 칫솔질을 잘하지 않은 곳을 물들일 거예요.

→ 깨끗이 닦아 이제 오랫동안 예쁜 미소를 간직하세요.

■ 스케일링 : 심한 잇몸 질환 또는 잇몸 수술을 하기 전 깨끗한 입속 상태를 만들기 위해 치석 등을 긁어내는 일입니다. 보통 1년에 한 번씩 치료받는 것이 좋고 차나 커피를 많이 마시는 사람, 양치질을 게을리하는 사람일수록 치석이 더 많이 생기므로 치료를 자주 받는 것이 좋습니다.

5- 입과 치아

혀가 맛을 알 수 있는 이유는?

시다, 달다, 짜다, 맵다 등의 맛을 느낄 수 있는것은 바로 우리의 혀가 있기 때문입니다.

혀 의 표면에는 좁쌀과 같은 돌기들이 수없이 나있는데 이 돌기 안에는 민감하게 맛을 느낄 수 있는 감각세포 미뢰가 있기 때문이랍니다.

맛에는 단맛, 신맛, 짠맛, 쓴맛 등 네 가지가 있으며, 매운맛과 떫은맛은 맛 이외의 어떤 물건에 닿는 느낌과 아픈 감각 등이 섞인 것이에요. 맛을 느끼는 감각을 다치게 되면 음식 맛이 없어지고 식욕이 줄어들게 됩니다. 그러므로 우리는 항상 입안을 깨끗이 하여 혀가 거칠어지지 않도록 주의해야 합니다.

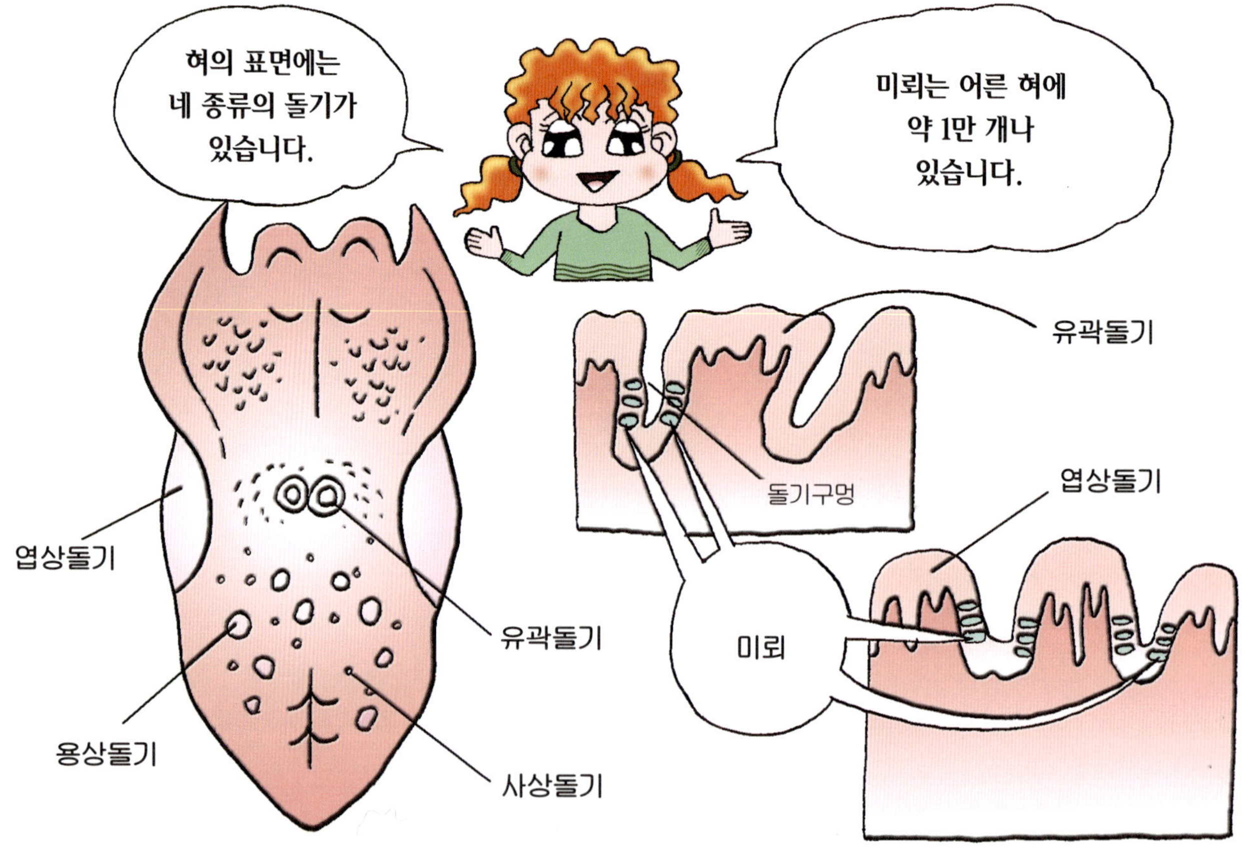

> 혀의 표면에는 네 종류의 돌기가 있습니다.

> 미뢰는 어른 혀에 약 1만 개나 있습니다.

엽상돌기
용상돌기
유곽돌기
사상돌기

유곽돌기
돌기구멍
미뢰
엽상돌기

맛을 감지하는 능력은 나이를 먹을수록 떨어지게 됩니다. 그 이유는 맛을 느끼는 미뢰의 숫자가 점점 줄어들기 때문이랍니다.

그런데 요즘 젊은 사람들의 미각 장애가 문제가 되고 있는데, 이는 노인의 미각 쇠퇴와는 달라서 미뢰 감소가 원인이 아니라 아연이나 비타민 A가 부족하기 때문이랍니다. 그리고 맛으로 느끼는 것은 주로 네 가지가 기본 맛이지만 뜨겁거나 차가운 감각, 더욱이 향내 따위도 맛과 관계가 깊으며 코가 막힌다든가 냄새를 잘 맡지 못하면 맛도 반으로 줄어들게 되지요.

혀에서 맛을 느끼는 곳은

- **혀의 이상** : 질병에 따라 여러 가지 이상이 나타난답니다.
  가장 많이 보는 것은 혀의 표면이 하얗게 변하는 설태로 소화기 질환인 경우 나타납니다.
  혀가 건조하여 균열이 생기며 입냄새가 심하면 티푸스가 의심됩니다.
  혀의 표면이 딸기처럼 보이는 딸기혀는 성홍열의 증세입니다.

5-입과 치아

앗! 입술이 부르텄네. 피곤해서 그런 걸까?

어느 날 아빠의 입술 주위에 물집이 생기기 시작했어요. 처음에는 입술 주위가 가렵고 따갑다고 하시더니 점점 작은 물집들이 여러 개 생기고 터지면서 주위로 번져가는 거예요.

이것은 **헤르페스**라는 바이러스 때문인데, 이 바이러스는 평소에는 몸 속에 숨어 있다가 피곤하거나 감기에 걸리게 되면 활동을 개시하여 입술을 헐게 한답니다.

그리고 피곤하면 입안이 헐게 되는데 입안이 노랗거나 하얀 좁쌀 모양의 염증이 생기는데 이것을 바로 구내염이라고 합니다. 구내염이 생기면 음식을 먹을 때마다 쓰리고 아프답니다.

몸이 피곤하거나 스트레스가 쌓이면 입안의 점막이 약해지면서 방어 능력이 떨어져 입안이 헐게 됩니다. 이럴 때는 입안에 바르는 연고를 발라주고 과일이나 채소 등 비타민이 함유된 식품을 많이 먹어야 합니다.

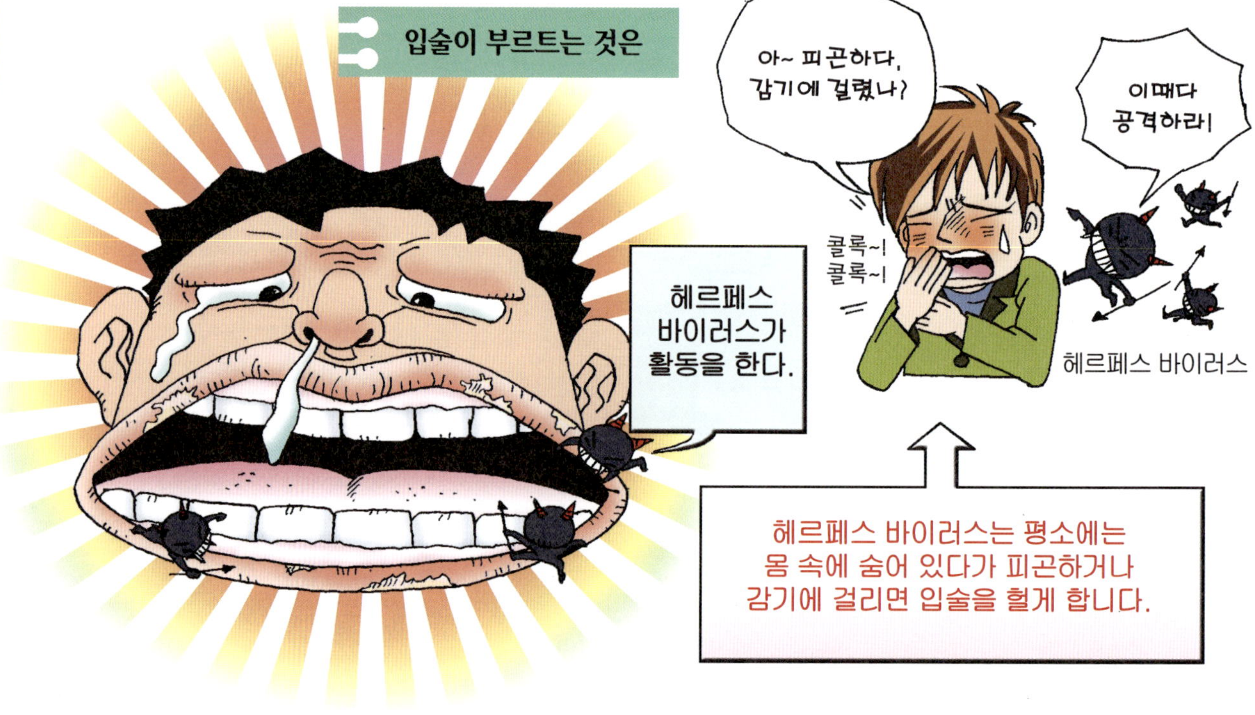

■: 입술이 부르트는 것은

헤르페스 바이러스가 활동을 한다.

아~ 피곤하다, 감기에 걸렸나?
콜록~! 콜록~!
이때다 공격하라!
헤르페스 바이러스

헤르페스 바이러스는 평소에는 몸 속에 숨어 있다가 피곤하거나 감기에 걸리면 입술을 헐게 합니다.

■ 헤르페스 바이러스 : 주로 피부나 점막을 통하여 작은 물집이 생기다가 물집이 터지면 딱지가 앉게 됨.

런가 하면 우리가 너무 피곤하여 지치게 되면 혓바늘이 돋게 됩니다.

혀에는 설유두라는 특수한 조직이 있는데 이곳에 염증이 생기면 처음에는 빨갛게 붓다가 점점 노랗게 변합니다.

혓바늘이 자주 돋으면 영양에 이상이 있거나 위가 안 좋은 경우로 몸에 이상이 있다는 신호지요. 이럴 때에는 충분한 휴식과 수면을 취하고 특히 영양을 골고루 섭취해 주어야 합니다.

구내염에 걸리면

입안이 노랗거나 하얀 좁쌀 모양의 염증이 생깁니다.

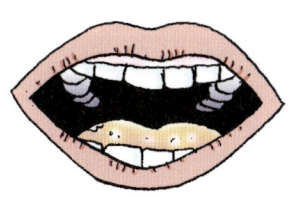

입 안에 바르는 연고를 바르고 과일이나 채소 등 비타민이 함유된 음식을 많이 먹어야 합니다.

혓바늘이 돋으면

혀에 있는 설유두란 조직에 염증이 생기게 되는 거예요.

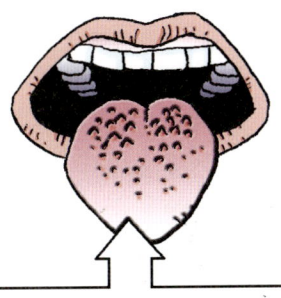

혓바늘이 자주 돋으면 영양에 이상이 있거나 위가 안 좋은 경우이므로 충분한 휴식과 수면을 취하고 영양을 골고루 섭취해야 합니다.

"여보, 오늘은 집에서 푹 쉬세요."

"와아~ 아빠, 그럼 오늘 나하고 놀이공원 가는 거야."

"쟤는 언제나 철이 들런지… 쯧쯧."

5-입과 치아

벌레에 물렸는데 왜 침을 바르는 거야?

벌레에 물려서 따끔거리거나 가려울 때, 긁어서 아플 때, 또는 넘어져서 상처가 났을 때에 가장 먼저 하는 응급조치법은 바로 그 부위에 침을 바르는 것입니다.

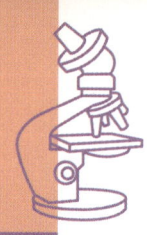

침을 상처에 바르면 덜 아프게 되는데 그 이유는 침 속에 소독과 해독을 해주는 성분이 들어 있기 때문이지요.

그러나 무턱대고 침을 바르는 것은 좋지 않아요. 왜냐하면 침은 소독 효과도 있지만 잡균이 많이 들어 있기 때문이랍니다. 이 균들이 상처에 들어가면 상처가 더 커지거나 덧날 수 있으므로 되도록 침을 바르지 않은 것이 좋습니다.

▼ 모기에 물리거나 상처가 났을 때 침을 바릅니다.

◀ 더러운 것을 봤을 때 침을 뱉습니다.

침은 어떨 때 쓸까요?

▲ 맛있는 음식을 봤을 때 군침을 삼킵니다.

▼ 책장을 넘길 때 손가락에 침을 바릅니다.

▶ 우표를 붙일 때도 침을 바릅니다.

침은 귀밑샘, 혀밑샘, 턱밑샘 등 세 군데에서 나오는데 성분의 대부분은 물이고 점액 성분과 녹말분해 효소인 **아밀라아제**가 포함되어 있습니다.

침은 곰팡이에 들어 있는 발암성 물질 아플라톡신 B1, 음식물이 탈 때 생기는 벤조피렌 등 다른 독성물질들을 거의 소독할 수 있는 능력을 지니고 있답니다.

침 속에는 10가지 이상의 효소와 비타민, 그리고 10여 가지 이상의 무기원소가 들어 있는데 호르몬, 단백질, 포도당, 락트산 요소 등 여러 화합물이 섞여 있습니다.

침은 소화 작용을 돕고 피부의 종양을 없애주며, 눈을 밝게 해주기 때문에 침을 뱉지 않고 삼키면 사람의 정기가 몸 속에 보존되어 얼굴에 윤기가 나고 오래 산답니다.

침이 부족하면 맛도 제대로 알 수 없고 충치도 잘 생기게 됩니다. 침이 부족해지지 않게 하려면 물을 충분히 마시고 자기 전에 과일이나 야채를 한 조각씩 먹어두는 것도 도움이 되지요.

■ 아밀라아제 : 침 1리터 속에는 약 0.4g이 들어 있으며 침이나 위액 속에 있는 아밀라아제는 말토오스를 만들어내 소화작용을 돕습니다.

5 - 입과 치아

목소리는 왜 쉬는 걸까?

사람의 성대는 한 마디로 발성기관입니다. 숨을 쉴 때는 성대가 벌어져 있고 말을 하거나 노래를 할 때는 성대가 서로 붙으면서 진동을 일으켜 소리가 나게 됩니다.

뜸북 뜸북 뜸북새 논~에서 울고 뻐꾹 뻐꾹 뻐꾹새 숲에서~울 때~…, 야~아 영식아~이쪽이야 이리 오라니까~! 에엣취~콜록 콜록!

여러분이 목청껏 노래를 부르거나 고래고래 소리를 지르고 지독한 감기에 걸리면 목이 붓거나 목소리가 쉬기도 합니다. 목소리가 쉬는 것을 애성이라고 하여 대부분 심각한 일은 아니에요.

목이 쉬는 이유는?

- 큰 소리로 노래를 부를 때
- 심한 감기에 걸렸을 때
- 고래고래 소리를 지를 때

걱정된다….

쟤, 너무 오버하는데?

성대의 진동 속도가 빠르면 높은 소리가 나고 **성대**가 붓거나 혹이 있으면 완전히 붙지 않아서 목소리가 변하게 되지요. 성대가 붓게 되면 목소리가 쉬는데 감기에 걸렸거나 소리를 많이 지르고 큰소리로 노래를 부를 경우 성대가 붓게 됩니다.

가수 중에서 성대에 이상이 생겨 가수 생명이 끝나는 불행한 일을 당하는 사람도 있는데, 이것은 목소리가 쉰 상태가 너무 오래됐기 때문이랍니다.

다음 상태일 경우에는 꼭 병원을 찾아가야 해요.

- 2~3주 동안 쉰 목소리가 계속 될 때
- 침을 삼키기가 어려울 때
- 목소리가 전혀 나오지 않을 때
- 피를 토할 때
- 목에 혹이 느껴질 때

목이 쉬는 것을 애성(쉰 목소리)이라고 합니다.

푸우~ 목이 쉴 줄 알았어.

■ 성대 : 남성의 성대는 굵고 길며(평균 2㎝), 어린이와 여성의 성대는 가늘고 짧습니다 (어린이 0.9㎝, 여성 1.5㎞). 그래서 남성은 진동이 적고, 어린이와 여성은 많아서 목소리의 차이가 생기는 겁니다.

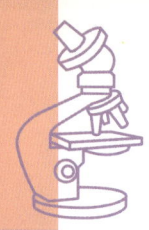

사람이 병에 걸리면 열이 나는 이유는?

사람은 질병에 걸렸을 때 이외에도 체온이 올라갈 때가 있는데 추울 때 빈속이었는데 따뜻한 밥을 먹었을 때에는 추웠던 몸이 따뜻해지는 것을 느낄 수 있을 거예요. 이것은 섭취한 음식이 몸 안에서 에너지 등으로 모양을 바꾸어 열을 발생시켰기 때문이랍니다.

보통 사람은 섭씨 36~37도의 체온을 유지하는데 이것은 뇌 속에 있는 시상하부의 체온 중추가 감시하면서 조절하고 있기 때문이에요. 하지만 체온이 올라가거나 열이 나는 이유는 대부분 세균이나 바이러스의 감염 때문에 그러는 거예요.

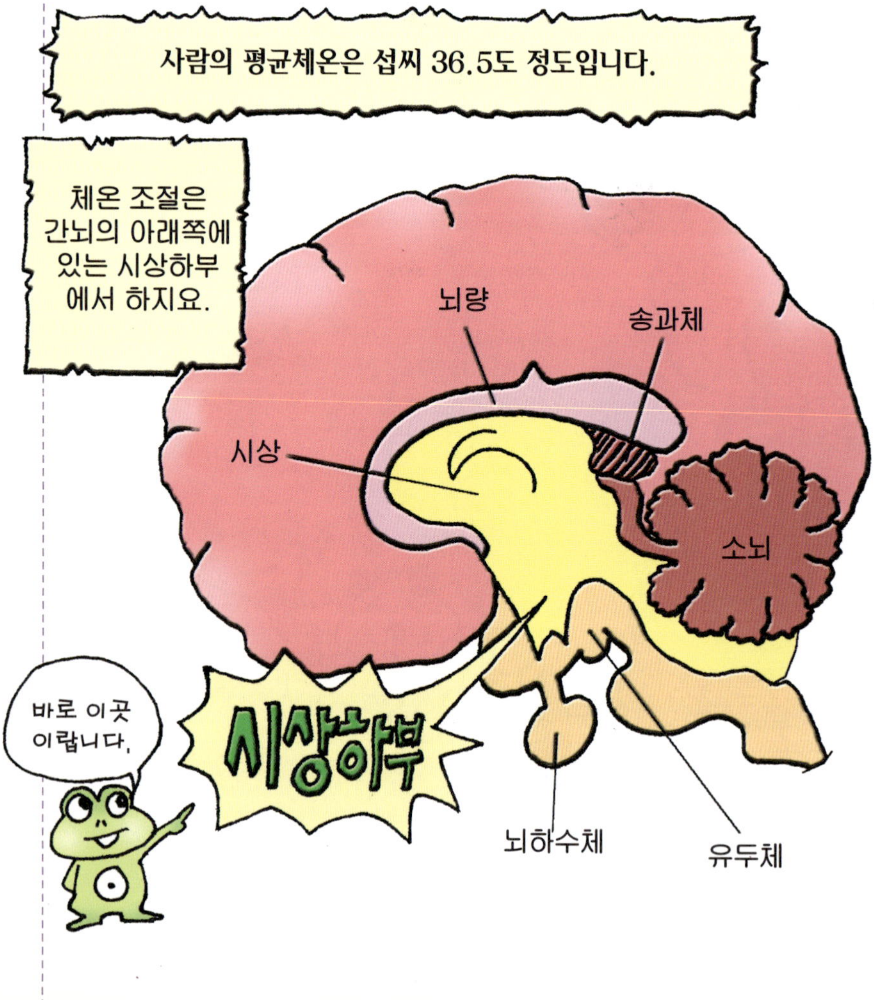

사람의 평균체온은 섭씨 36.5도 정도입니다.

체온 조절은 간뇌의 아래쪽에 있는 시상하부에서 하지요.

뇌량
송과체
시상
소뇌
뇌하수체
유두체

바로 이곳이랍니다.

시상하부

시상하부의 역할을 보면

대사작용

오 예! 내 차례다!
우씨 안녕~

수분 조절

체온 조절

우아~ 우아~
헤헤

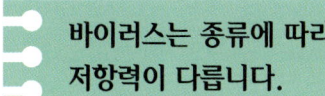에 골절을 입었을 때도 열이 날 때가 있는데 이것은 상처를 치료하려는 체내의 반응이 활발하게 이루어져 대사량이 커지기 때문이랍니다.

주로 체내에 세균이나 바이러스가 침투하여 세포 안에서 번식을 시작하면 이것들을 퇴치하려고 백혈구나 임파구가 일을 하여 몸을 건강하게 해줍니다.

이때 체내의 대사기능이 활발해지고 열이 발생하면서 체온이 올라가는 것이랍니다. 이런 비상사태일 때에는 보통 상온을 유지하려는 뇌의 시상하부도 기능을 하지 않고 고열에 약한 바이러스 퇴치에 가담하게 된답니다.

바이러스는 종류에 따라 저항력이 다르지만 보통 섭씨 56도에서 30분 정도 가열하면 활력을 잃는 것으로 알려져 있습니다. 또는 영하 70도쯤에서 동결해 보존시키면 수년 동안 활력을 유지할 수 있습니다.

 바이러스는 종류에 따라 저항력이 다릅니다.

 체온은 너무 높아도 안 되고 너무 낮아도 안 됩니다.

보통 섭씨 56도에서 30분 정도 가열하면 활력을 잃게 됩니다.

섭씨 45도 전후가 되면 사망합니다.

영하 70도쯤에서 동결하여 보존시키면 수년 동안 활력을 유지할 수 있지요.

영하 27도면 얼어죽게 됩니다.

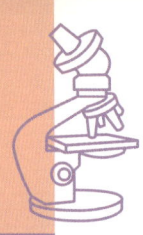

6 - 뇌

머리가 똑똑한 사람은 뇌도 더 무거울까?

사람의 뇌는 대뇌, 소뇌, 중뇌 그리고 연수로 나뉘어져 있습니다. 그 가운데에서 역시 뭐니 뭐니 해도 가장 중요한 곳은 대뇌입니다.

뇌의 무게는 보통 남자가 여자보다 좀더 무겁지만, 머리가 무겁다고 해서 똑똑하거나 영리한 것은 아니랍니다.

뇌는 우리 몸의 모든 기능을 지시하는데요. 말을 하고 걷거나 음식 맛을 느끼고 냄새를 맡을 수 있는 것도 모두 뇌가 명령을 내리기 때문입니다. 이렇게 뇌는 모든 활동을 지배하는 것이지요.

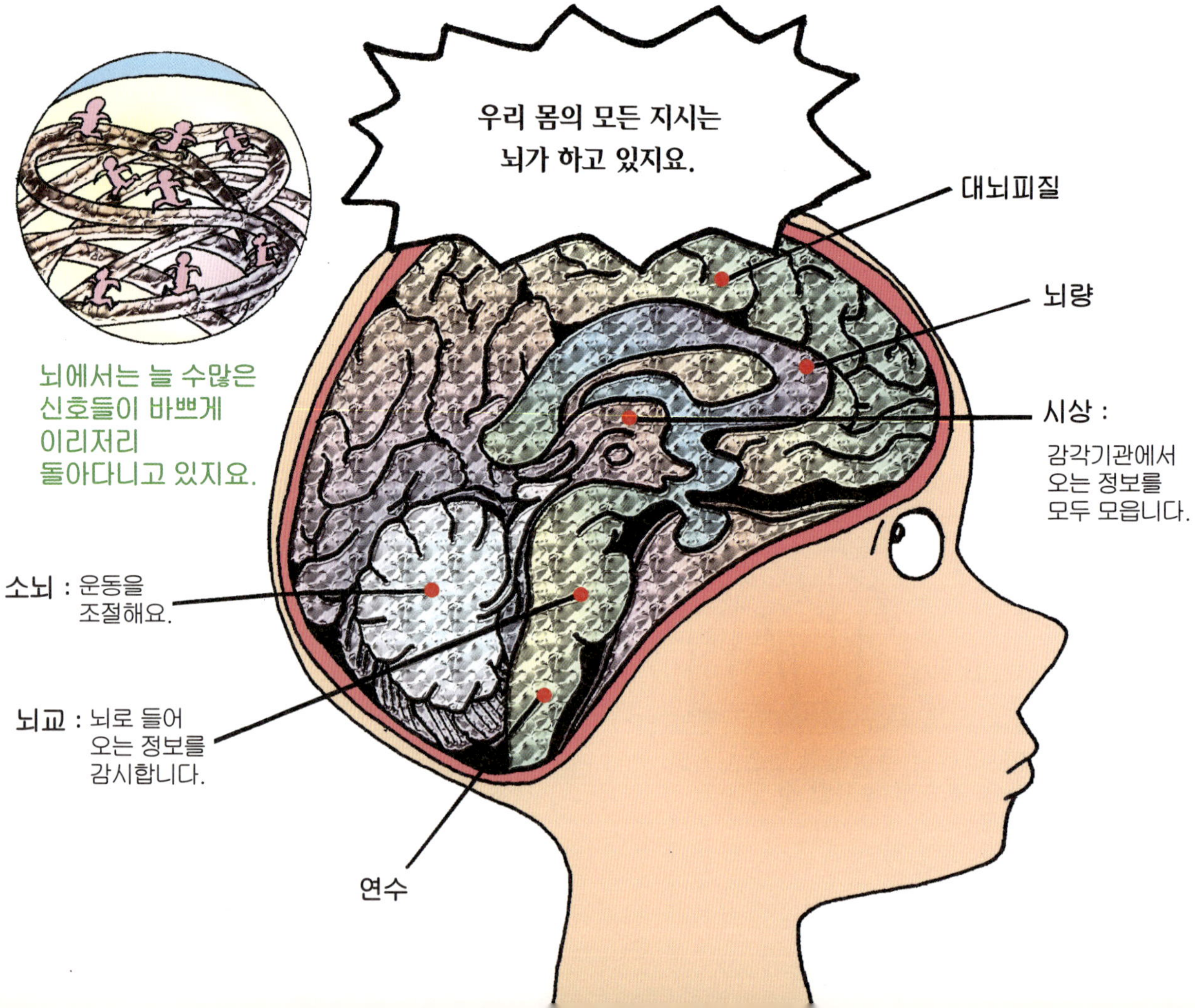

우리 몸의 모든 지시는 뇌가 하고 있지요.

뇌에서는 늘 수많은 신호들이 바쁘게 이리저리 돌아다니고 있지요.

대뇌피질

뇌량

시상 : 감각기관에서 오는 정보를 모두 모읍니다.

소뇌 : 운동을 조절해요.

뇌교 : 뇌로 들어오는 정보를 감시합니다.

연수

뇌의 무게는 약 1.4kg이며 표면적(겉넓이)은 신문지 한 장을 펴 놓은 정도입니다. 코끼리의 뇌는 무려 4kg이 넘고 고래의 뇌는 9kg이 넘는다고 합니다. 그렇다고 해서 코끼리나 고래가 사람보다 영리한 것은 아니며 천재나 위인들의 뇌도 보통 사람에 비해 결코 무겁지는 않답니다.

우리의 뇌에는 신경세포가 약 140억 개나 있고, 이 신경세포에서 '신경돌기'라는 것이 나와 하나하나의 세포를 사슬처럼 이어줍니다. 이 돌기는 옆의 신경세포와 복잡하게 뒤얽혀 있는데 대뇌에 자극을 주면 이것이 더 복잡하게 뒤얽힙니다.

머리가 좋고 나쁜 것은 신경세포의 연결이 좋고 나쁜 것의 차이이지 뇌의 무게와는 아무런 관련이 없습니다.

20세기가 과학 문명의 시대였다면 21세기는 뇌의 시대가 될 것입니다. 뇌의 연구는 지금도 활발히 진행되고 있습니다.

사람의 뇌는 약 1.4kg.

코끼리의 뇌는 4kg이 넘는다.

고래의 뇌는 약 9kg이 넘는다.

"머리가 좋고 나쁜 것은 신경세포의 연결이 좋고 나쁜 것이 차이입니다."

"뇌의 무게는 아무런 관련이 없는 거래요."

■ 뇌 : 갓난아기의 뇌 무게는 400g 정도이지만 태어나서 3살까지, 4~7살까지, 10살 직후 까지의 3단계를 거쳐 발달하며 20살 정도에 완성됩니다. 어른의 뇌 무게는 몸무게의 2.5%밖에 안되지만, 뇌에 흐르는 피의 양은 전체 피의 15%나 됩니다.

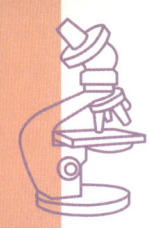

6 - 뇌

뇌파를 끼고 자면 정말 머리가 좋아질까?

뇌신경 활동에 수반되는 전기적인 변화를 외부에서 측정하여 기록한 것이 뇌파인데 1929년 독일의 한스 베르거가 뇌파를 기록한 이래 뇌파 연구는 꾸준히 진행되어 왔습니다. 1960년대부터 반도체의 개발로 새롭게 진전되고 있습니다.

뇌파 학습기가 학습 향상에 큰 도움을 준다고 각 판매사가 홍보를 하고 있지요. 뇌파 학습기는 **뇌파**를 기초로 만들어졌습니다. 뇌의 신경세포는 활동 중에 전기적인 변화를 보이는데 이것을 외부에서 검측하여 기록한 것이 뇌파입니다.

뇌파는 보통 0.5~3Hz(헤르츠)의 주파수를 가지며 이는 다시 델타(δ)파, 테타(θ)파(4~7Hz), 알파(α)파(7~14Hz), 베타(β)파(14-30Hz), 감마(r)파(30Hz이상)로 나누어진답니다.

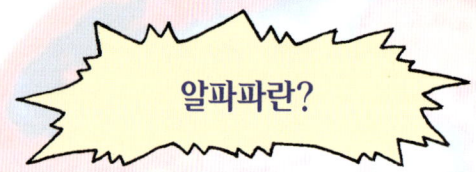

뇌파 상태 중 알파파는 학습에 가장 좋은 상태로 알려져 있으나 그것은 큰 오해입니다. 전문가들은 알파파가 나오는 상태는 정신집중 상태뿐 아니라 여러 가지가 있습니다.

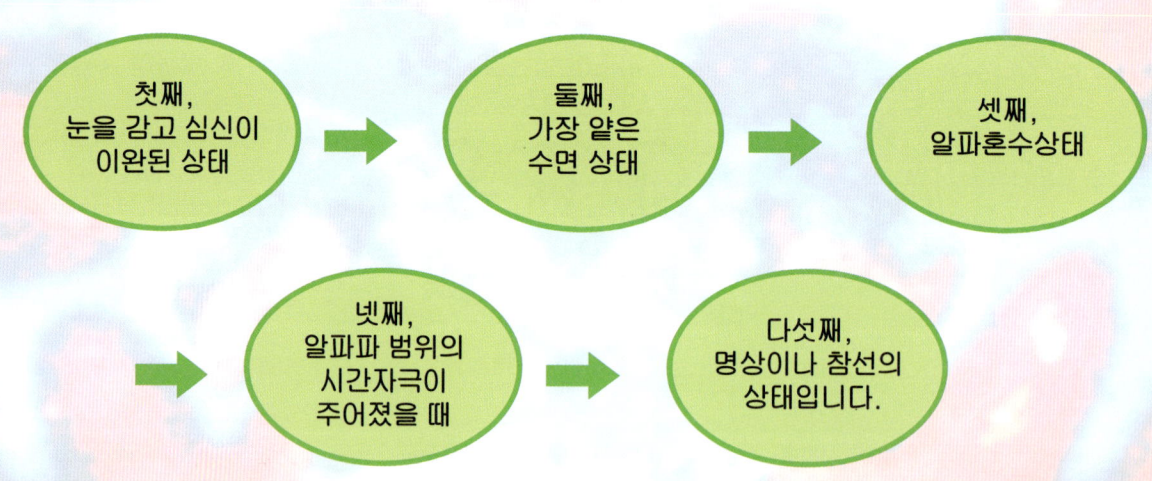

첫째, 눈을 감고 심신이 이완된 상태 → 둘째, 가장 얕은 수면 상태 → 셋째, 알파혼수상태 → 넷째, 알파파 범위의 시간자극이 주어졌을 때 → 다섯째, 명상이나 참선의 상태입니다.

그런데 뇌파 학습기는 외부에서 자극을 주면 특정한 뇌파가 유도되는 현상을 응용한 것입니다. 심신 상태에 따라 다른 뇌파가 나타나는 것을 관찰한 과학자들은 반대로 심신을 조절하면 특정한 뇌파 상태를 만들 수 있다는 것을 알게 됐지요.

뇌파 상태를 유도하기 위해 일반적으로 광 자극과 소리 자극을 이용하는데 학습을 위한 뇌파는 약 15분 알파파를 유도하는 프로그램을 사용하고 이것이 끝나면 다시 델타파를 유도하는 프로그램을 15분 정도 사용하게 됩니다.

그러나 정부에서는 뇌파 학습기를 통한 직접적인 학습증진 효과를 인정하지 않았고 판매사에서도 그 효과를 특별히 증명할 수 없었답니다. 결국 학업 성적을 향상시키는 것은 사람이지 기계가 아니랍니다.

여러분의 학업성적을 기계에 의존 하는 것은 옳지 않으며 학업 성적을 향상시키는 것은 오로지 여러분의 노력에만 의존할 수 있는 것이지요.

- 알파 영역의 뇌파 -

명상 상태에서 자주 관찰되고 일반적으로 창의력, 직감, 영감이 잘 떠오르고 암기력, 기억력이 활발한 상태입니다.

- 데타파 영역의 뇌파 -

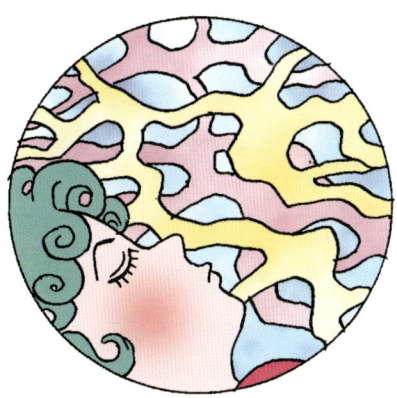

내부 의식의 상태, 얕은 수면 상태나 꿈을 꾸고 있을 때 관찰되며 대체로 심신이 매우 안정된 상태입니다.

- 베타파와 감마파의 뇌파 -

활동이 왕성하고 흥분된 상태에서 관찰 되고 대체로 주파수가 높으면 스트레스를 지닌 상태이며 낮을수록 심신이 안정된 상태입니다.

■ 뇌파 : 뇌파는 환자에게 고통을 주지 않으면서 뇌의 아픈 부위나 성질 등을 정확하게 알 수 있어서 뇌 검사에 필수입니다. 뇌파가 정지되었다는 것은 '뇌사'를 의미하기도 합니다.

사람들이 술에 취하면 왜 비틀거리는 걸까?

술이란 에틸 알코올 성분이 들어 있는 음료를 말하며, 마시면 취하게 됩니다.

알코올을 섭취하면 입안의 점막으로부터 장에 이르기까지 다양한 경로로 몸에 흡수되며 흡수된 알코올의 90% 이상은 혈류를 통해 간으로 운반되게 되지요. 5~10%의 알코올은 폐를 통하여 호흡으로 배출되거나 땀이나 오줌으로 직접 배출됩니다.

사람들이 술에 취하면 비틀거리는 것은 혈중 알코올 농도가 올라가게 되고 이것이 소뇌의 기능을 억제하게 되어 몸을 가누지 못하게 되기 때문입니다.

대뇌의 뒤쪽 아래 부분에 위치한 소뇌는 대뇌와 비슷한 구조로 되어 있는데 좌우 양 반구로 나뉘며 피질과 수질로 구분되지요.

소뇌의 크기는 대뇌의 8분의 1 정도이지만, 표면적은 독특한 가는 주름이 많아 대뇌의 4분의 3 정도입니다. 표면의 피질은 신경세포의 집단인 회백질이고 수질은 신경돌기의 집단인 백질입니다.

사람들이 술에 취하면 비틀거린다는데…

으~ 취한다.

술에 취하면 혈중 알코올 농도가 높아져 소뇌의 기능을 억제하게 되어 몸을 가누지 못하게 됩니다.

또 소뇌는 몸의 각 부분에 있는 골격근의 신경근 방추로부터 자극을 받아 수의운동(자기의사에 따라 마음대로 조절할 수 있는 운동)을 조절하여 줍니다. 내이의 **전정기관**과 **세반고리관** 같은 평형 감각기로부터 오는 자극을 받아 몸을 유지시키는 중추가 되지요.

소뇌는 특히 어류나 양서류, 조류 같이 유체 속에서 생활하는 척추동물에게 주로 발달되어 있는데 제비의 날렵한 운동은 아주 좋은 보기가 된답니다. 이 동물들은 소뇌에 이상이 생겨 기능이 발휘되지 못하면 생명을 유지하기가 힘들지요.

그런데 현대사회에서 받는 스트레스로 과음이나 폭음이 연일 이어지면서 알코올은 약이 아닌 독이 되어 몸을 상하게 만듭니다. 직장인들 사이에 숙취를 제거하여 준다고 알려진 기능성 음료가 인기를 끌고 있는 것을 볼 수 있습니다.

남자가 여자보다 술이 더 센 이유는

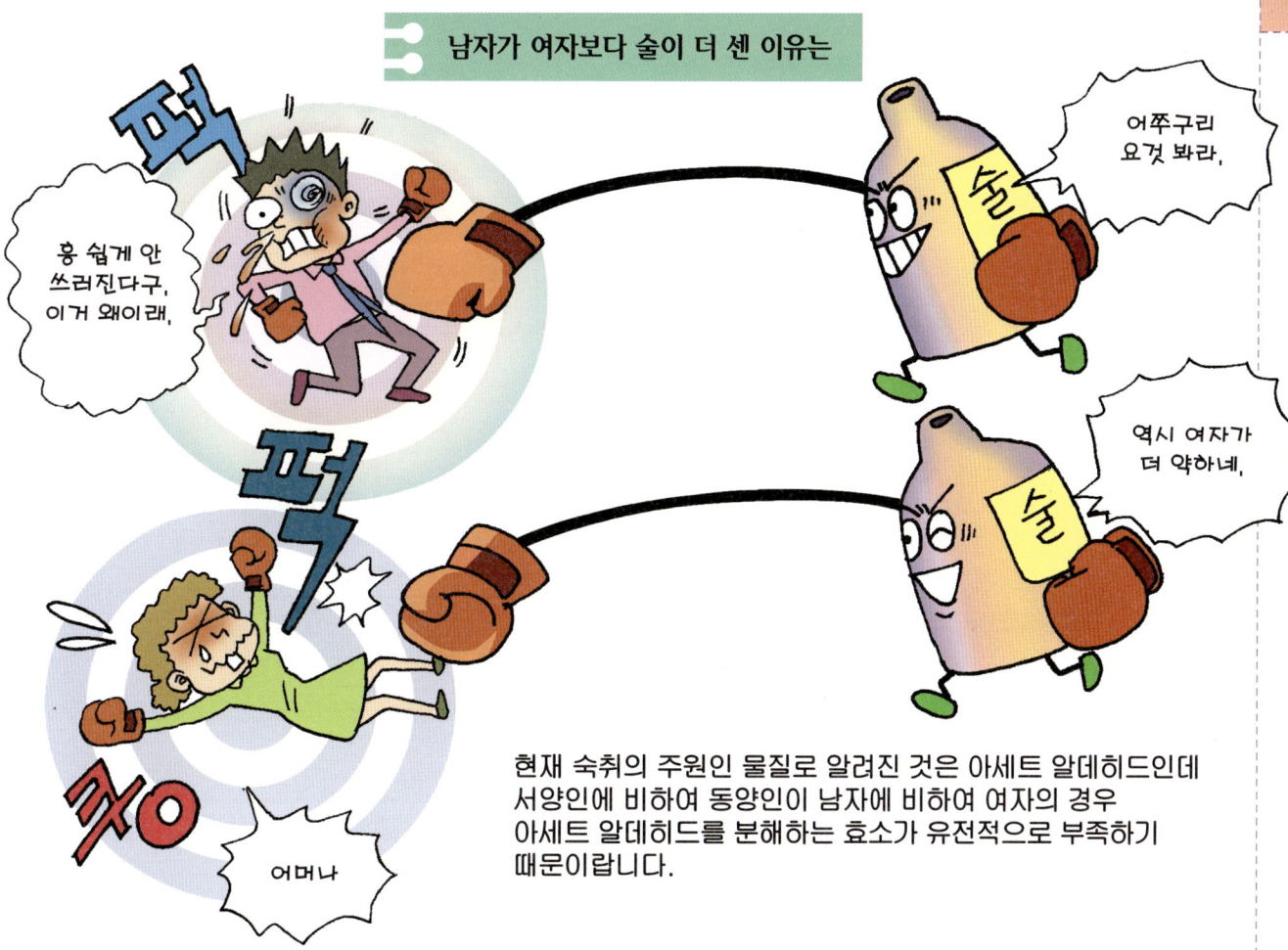

현재 숙취의 주원인 물질로 알려진 것은 아세트 알데히드인데 서양인에 비하여 동양인이 남자에 비하여 여자의 경우 아세트 알데히드를 분해하는 효소가 유전적으로 부족하기 때문이랍니다.

- 전정기관 : 몸의 운동기관이나 위치감각을 중추에 전달하는 기관.
- 세반고리관 : 귓속에서 평형감각을 맡고 있는 기관인데, 척추동물에게 반고리관이 3개가 있어서 세반고리관이라고 한다.

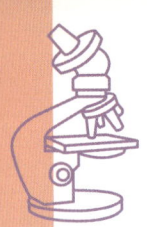

6 - 뇌

뜨거운 걸 잡고 나면 손이 왜 귀로 가는 거야?

뜨거운 물건에 손이 데었을 때의 사람들의 반응을 보면 모두 제각각인데 주로 귀를 잡는 경우도 많지만, 어떤 사람은 손을 세차게 흔들거나 또는 입안에 넣기도 하지요.

이렇게 다양한 반응을 반사라고 하며 반사 행동은 대부분 자신도 모르는 사이에 튀어나온답니다.

우리 몸의 온도(체온)는 각 부위마다 조금씩 다른데 몸 안쪽은 높고, 몸 바깥쪽은 낮지요. 심장에서 멀수록 온도가 떨어지기 쉬운데 손끝, 코끝 그리고 귀나 발가락 등은 심장에서 멀리 있기 때문에 다른 부위보다 체온이 낮아요. 그래서 뜨거운 물건을 잡고 나면 자연스럽게 귀로 손이 가는 거랍니다. 생각할 여유가 없는 급박한 상황에서는 뇌가 판단하기 전에 몸에서 먼저 행동명령을 내리게 되지요.

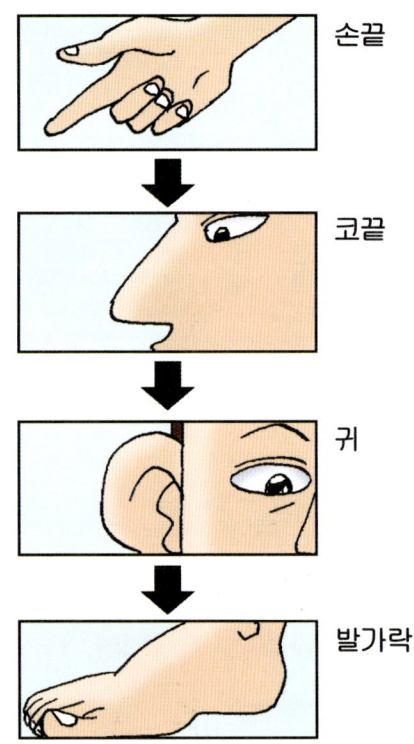

체온은 심장에서 멀수록 낮아져요.

손끝 → 코끝 → 귀 → 발가락

– 뜨거운 물건을 잡고 나면 손이 귀로 갑니다. –

어머, 뜨거

← 뇌에서 판단하기 전에 몸에서 먼저 행동명령을 내리는데 이것이 바로 무조건 반사입니다.

대부분의 반사는 모든 사람이 똑같이 반응하는 **무조건 반사**인데 뜨거운 물건에 손이 닿았을 경우 자신도 모르게 물건과 반대방향으로 옮기거나 오므립니다. 예를 들면 갑자기 눈 가까이에 어떤 물체를 같다 대면 자동적으로 눈을 감습니다.

반사행동은 누구나 똑같아요. 그러므로 무조건 반사는 대뇌가 관계하지 않고 그 전 단계에서 행동명령을 내립니다. 다리를 꼬고 앉아 있는 사람의 무릎을 톡톡 쳐보면 다리가 튀어오를 거에요. 이것이 바로 무릎 반사이며, 운전자가 위험한 상황에서 핸들을 오른쪽으로 꺾는 행동이라든지 하품이나 재채기와 침의 분비, 기침이나 딸꾹질 같은 것은 누구나 갖고 태어나는 무조건 반사랍니다.

그러나 반사 가운데는 뇌의 영향을 받는 것도 있는데 태어날 때는 없었으나 반복학습에 의해 만들어진 **조건반사**가 있습니다. 조건반사는 모든 동물에게서 발견됐는데 자신을 둘러싼 특수한 환경에 적응하기 위한 반복된 경험을 통하여 자연스럽게 얻어진 습관입니다. 조건 반사는 살아가는 환경에 적응하는 과정이므로 비슷한 조건만 형성되면 언제든지 일어나게 됩니다.

■ 조건 반사 : 환경에 적응하기 위하여 후천적으로 얻게 되는 반사로 파블로프가 실험한 개의 침 분비가 유명하지요.
■ 무조건 반사 : 태어날 때부터 가지는 선천적인 반사로 반사의 중추는 척수와 연수입니다.

무조건 반사란

무릎을 꼰 다리를 치면 다리가 튀어 오릅니다.

위험할 때 갑자기 핸들을 오른쪽으로 꺾습니다.

하품이나 재채기, 기침, 딸꾹질, 침의 분비 등의 행동을 하는 것이지요.

반사에서 반은 '되돌리다', 사는 '쏘다'는 뜻인데 되돌려 쏘다 즉 외부에서 받은 자극에 대하여 몸에서 보이는 반응을 말합니다.

6 - 뇌

광우병이 인류를 위협한다는데?

1985년 4월 영국 켄트 지방의 한 목장에서 인류를 위협할 수 있는 **광우병**이 처음 발견되었습니다.

소 한 마리가 갑자기 미친 듯이 날뛴다는 말을 듣고 달려온 수의사들이 조사한 결과 그 소는 광물질을 섭취하지 못하였기 때문이라고 결론지었습니다. 그러나 그런 증세를 보이는 소들이 차츰 늘면서 광물질 때문이 아니라는 결론을 내렸습니다.

학자들이 다시 한 번 죽은 소의 뇌를 검사한 결과 소의 머리에서 이상한 것을 발견하게 되는데 건강한 소는 뇌가 꽉 차야 정상인데 죽은 소들은 모두 똑같이 골수에 스펀지처럼 구멍이 나있었습니다.

당시에는 '소해면상 뇌증'이라 불렀으며 광우병이라 불리는 이 병은 사람의 야콥병과 아주 비슷하답니다.

광우병은?

- 스위스
- 아일랜드
- 포르투갈
- 프랑스 등으로 퍼져 나갔습니다.

프랑스에서는 영국에서 수입한 소 7만여 마리를 죽이겠다고 발표했고, 네덜란드에서도 6만여 마리의 소를 도살하겠다고 발표했습니다.

시간이 흐를수록 광우병은 전염병처럼 영국 전역에 퍼져나갔고 급기야는 모든 나라가 영국의 소 수입을 금지하고 말았답니다. 광우병과 비슷한 야콥병에 걸려 살아남은 사람은 아무도 없어요.

학자들은 소에게 왜 이런 병이 생기게 되었는지 알아보기 위해서 사료를 검사한 결과 염소 고기를 먹고 남은 폐기물로 만든 사료에서 광우병이 생긴다는 결론을 학자들이 내렸습니다.

결국 이 사료를 쓰는 것을 금지시켰으며 소의 단백질을 높이기 위해 먹였다는 동물의 배합사료가 이렇게 엄청난 재앙을 가져오게 된 것이지요.

실제로 광우병의 원산지인 영국의 음식업소에서는 자국의 쇠고기를 쓰지 않고 있을 만큼 심각하답니다. 역시 초식동물은 풀을 먹고 살아야 하는데 육식을 먹었기 때문에 이런 괴상한 병이 생기게 된 거랍니다.

■ 인간 광우병 : 광우병에 걸린 소의 고기를 먹은 사람에게 나타나는 병. 스펀지처럼 뇌에 구멍이 뚫려 죽게 됩니다. 감염 초기에는 기억력 감퇴와 감각 부조화 등의 증세를 보이다가 평형감각 둔화와 치매로 발전합니다.

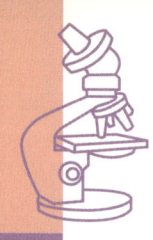

7- 귀와 청각

우리가 귀로 소리를 듣는 이유는?

우리의 귀는 소리를 듣는 역할을 합니다. 귀는 밖에서 보면 얼굴 양쪽에 구멍만 뚫려 있는 것처럼 보이지만, 그 안쪽에는 매우 복잡한 얼개로 되어 있지요.

귀는 소리를 들을 뿐만 아니라 몸의 상태를 느끼는 작용도 합니다. 귀는 모양과 역할에 따라 겉귀, 가운뎃귀, 속귀 등 세 부분으로 나뉘게 됩니다.

겉귀는 귀청을 사이로 바깥쪽을 말하는데 여기에는 귓바퀴와 귓구멍이 있고, 우리가 보통 귀라고 하는 것은 이 귓바퀴를 말하는 거예요. 귓바퀴의 모양은 소리를 모을 수 있도록 되어 있어서 거기에 손을 대면 잘 들린답니다.

가운뎃귀는 귀청 안쪽에 있는 안방과 같은 곳입니다. 가운뎃귀는 인두의 위쪽(코 안쪽)과 가는 관으로 연결되어 있고 이 관을 귀간이라고 하지요.

귀청의 안쪽부터 방망이뼈, 다듬이뼈, 등잣뼈라고 하는 3개의 작은 뼈가 연결되어 있는 것을 알 수 있습니다. 귀청 음파로 떨리게 되면 이 3개의 뼈가 다시 그 소리를 차례차례 안쪽으로 전달합니다.

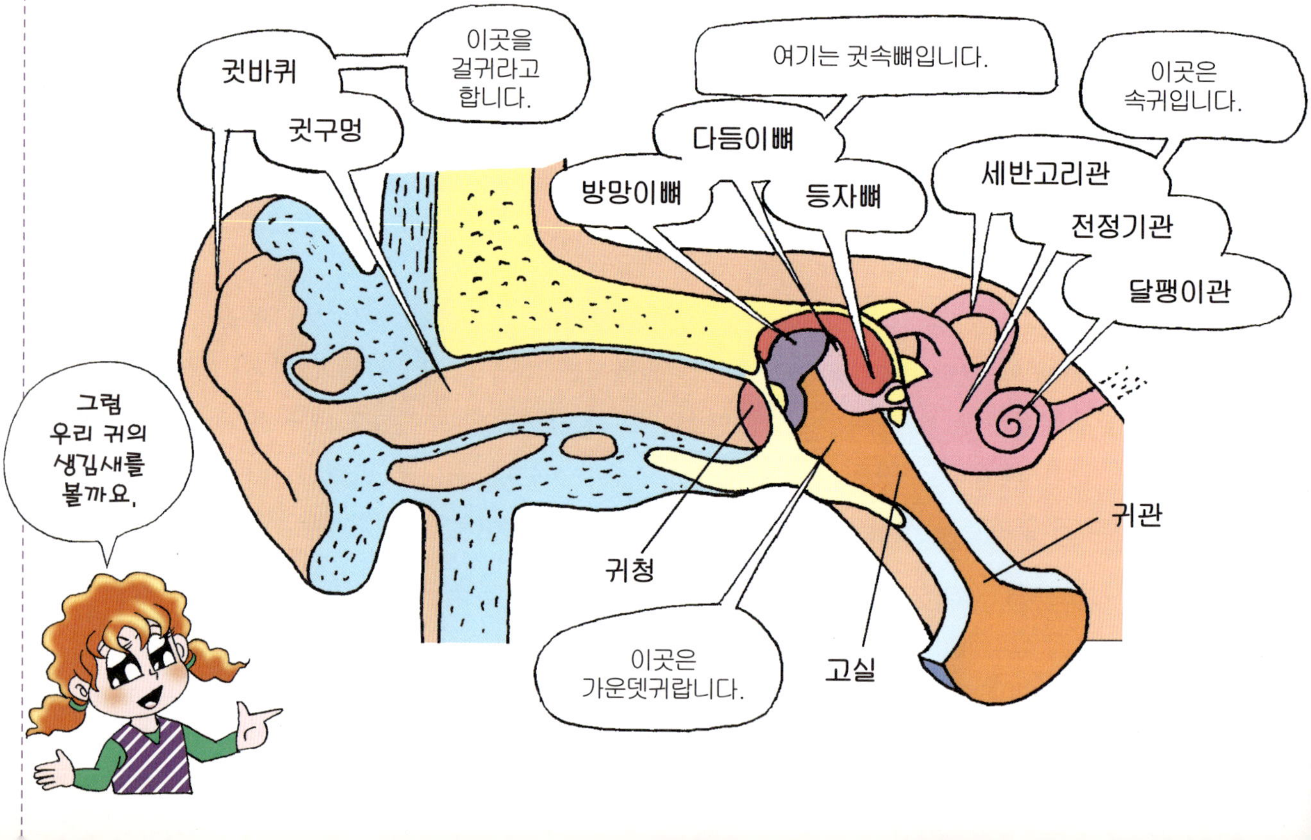

그럼 우리 귀의 생김새를 볼까요.

- 귓바퀴
- 귓구멍
- 이곳을 걸귀라고 합니다.
- 방망이뼈
- 다듬이뼈
- 등자뼈
- 여기는 귓속뼈입니다.
- 세반고리관
- 전정기관
- 달팽이관
- 이곳은 속귀입니다.
- 귀청
- 이곳은 가운뎃귀랍니다.
- 고실
- 귀관

가 윗귓로부터 안쪽을 속귀라고 하는데 속귀는 매우 복잡하기 때문에 미로라고도 합니다. 속귀에서 달팽이와 같은 모양을 하고 있는 것이 **달팽이관**인데 이 안에는 듣기신경이 있어 소리를 듣는 작용을 합니다. 이 달팽이관에는 림프액이 들어 있습니다.

음파는 귀청을 울리고, 방망이 뼈와 다듬이뼈 그리고 등자뼈를 통해 달팽이관으로 이동해 골로 전해지는데 이런 과정을 거쳐서 우리는 소리를 들을 수 있게 된답니다.

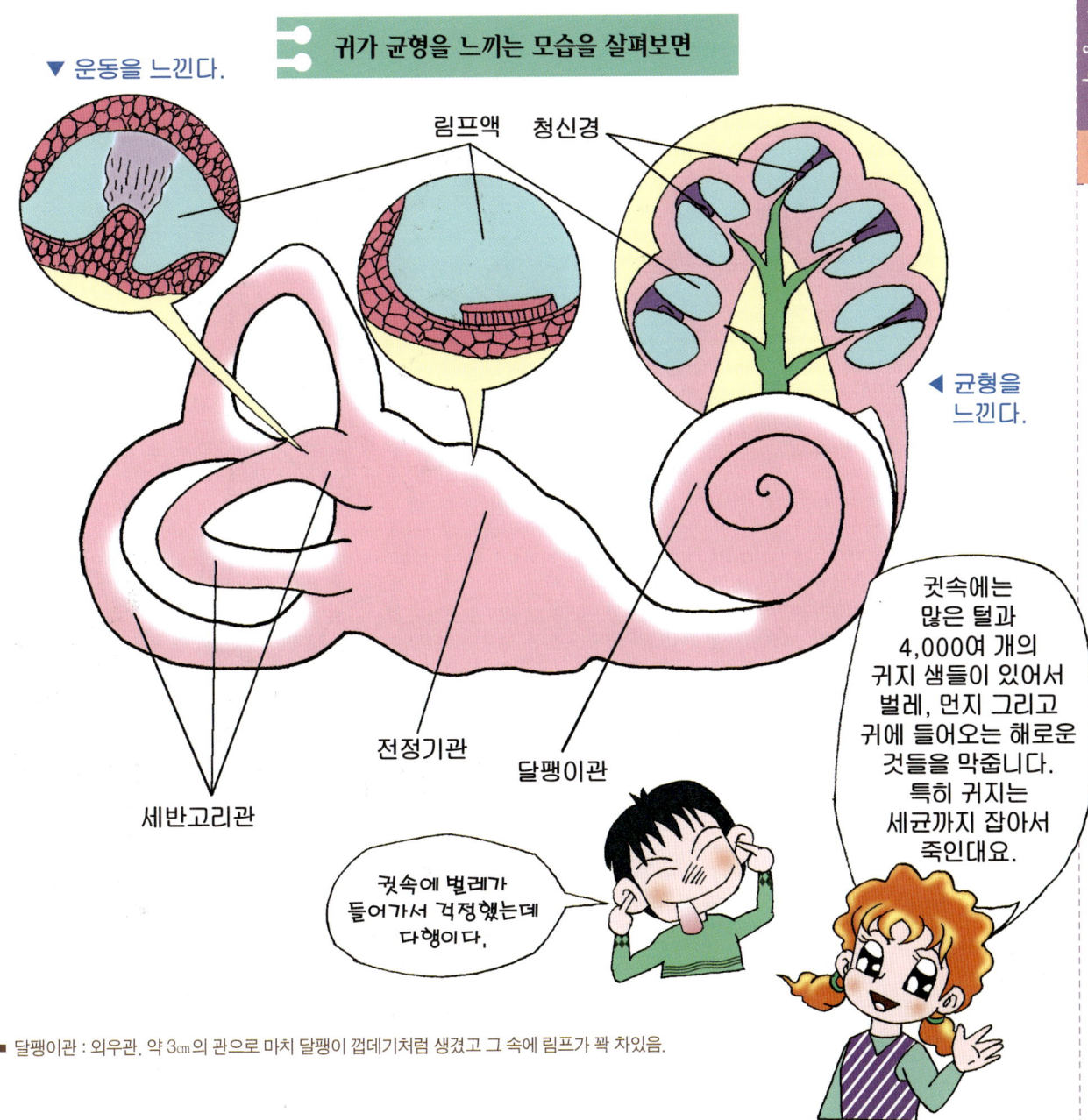

▼ 운동을 느낀다.
림프액 청신경
◀ 균형을 느낀다.
세반고리관 전정기관 달팽이관

귓속에 벌레가 들어가서 걱정했는데 다행이다.

귓속에는 많은 털과 4,000여 개의 귀지 샘들이 있어서 벌레, 먼지 그리고 귀에 들어오는 해로운 것들을 막줍니다. 특히 귀지는 세균까지 잡아서 죽인대요.

■ 달팽이관 : 외우관. 약 3㎝의 관으로 마치 달팽이 껍데기처럼 생겼고 그 속에 림프가 꽉 차있음.

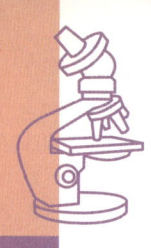

7- 귀와 청각

귀가 멍해지는 까닭은?

긴 터널을 통과할 때 귀가 멍해지면 빨리 원상태로 돌아가려고 침을 삼키거나 코를 잡고 목구멍을 여는 방법이 있는데 이렇게 하면 공기가 빠져서 고막이 정상적인 위치로 돌아오게 되어 멍한 느낌이 없어지게 됩니다. 이것은 귓구멍과 코 그리고 목이 서로 연결되어 있기 때문이랍니다.

비행기 타고 하늘 위에서 귀가 멍~~

고층빌딩의 엘리베이 안

우리는 전철이나 자동차를 타고 터널을 지나갈 때 귀가 멍해지는 경험을 누구나 한 번쯤 겪었을 거예요. 또 비행기나 높은 빌딩에 있는 엘리베이터를 탔을 때도 비슷한 경험을 했을 것입니다. 이것은 주위 환경의 갑작스런 기압 변화로 고막의 안쪽과 바깥쪽의 기압의 균형조정이 잘 이루어지지 않았기 때문이랍니다.

우리 몸에도 기압이 있기에 외부와 균형을 이루고 있으며 귀는 소리를 듣는 것뿐만 아니라 몸의 균형을 유지해주는 일을 하고 있습니다. 보통 때에는 고막 안팎의 기압이 같게 유지되고 있다가 어떤 원인에 의해서 갑자기 기압의 변화가 커지면 그 균형이 깨지게 되지요. 그러면 기압이 낮은 쪽으로 고막이 끌어 당겨지므로 한 쪽으로 쏠리게 됩니다. 그 결과로 귀가 멍해지는 것이지요.

■ 구씨관 : 유스타키오관. 이탈리아의 해부학자인 유스타키오가 발견했음. 하품을 하면 열리게 되어 중이 안의 기압을 바깥과 같도록 조정하는 일을 함.

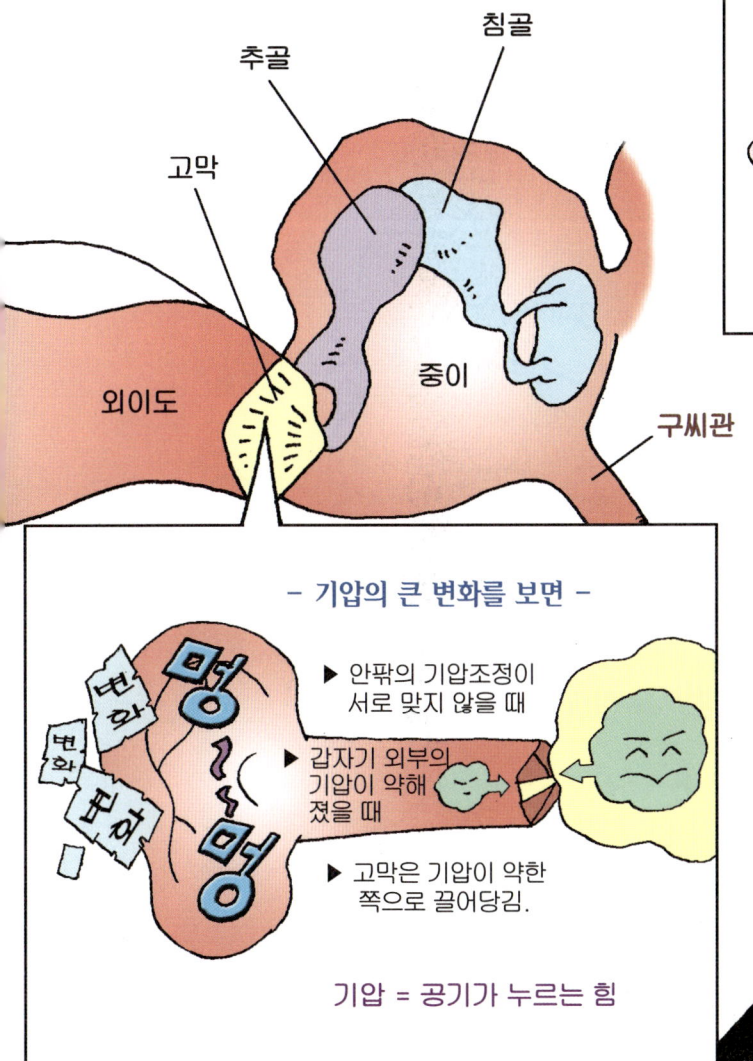

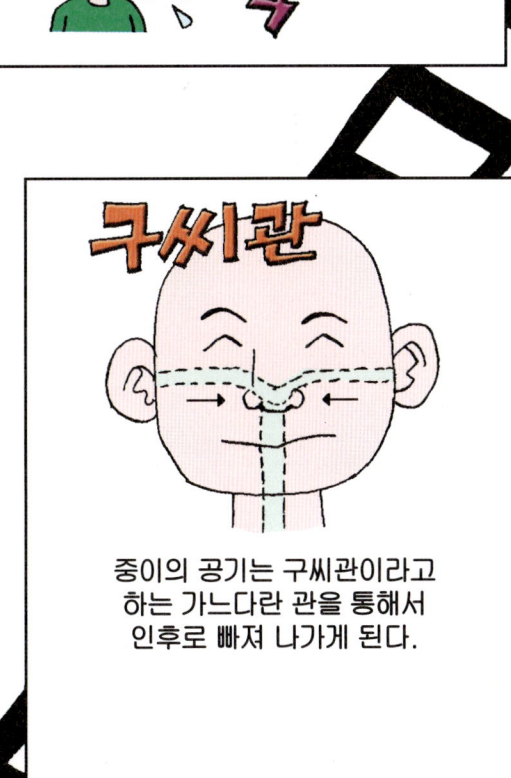

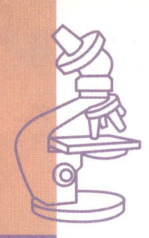

7 - 귀와 청각

녹음된 자기 목소리가 다르게 들린다는데?

사람은 누구나 20Hz(헤르츠)에서 2만Hz의 소리를 들을 수 있으며, 머리와 목의 혈관 속을 흐르는 핏소리까지 들을 수 있는 능력이 있습니다. 그러나 실제 이런 소리를 들을 수 없는데 그 이유는 전문가들도 밝혀내지 못하고 있답니다.

자신이 녹음테이프에 녹음을 해놓고 녹음된 자신의 목소리를 들어보면 신기하게도 평상시 듣던 자신의 목소리가 다르게 들린다는 것을 알 수 있는데 그렇다면 소리가 어떤 구조를 통하여 들리는지 살펴볼까요.

먼저 바깥으로부터 음파가 귓바퀴(눈에 보이는 귀 부분)에 닿으면 그 진동은 외이도(귀의 구멍)를 통하여 고막에 도착하고, 이 진동은 중이에 있는 세 개의 작은뼈(망치뼈, 모루뼈, 등자뼈)에 차례로 전해지며 내이의 유스타키오관에 도착하게 되지요.

소리가 들리는 순서를 보면

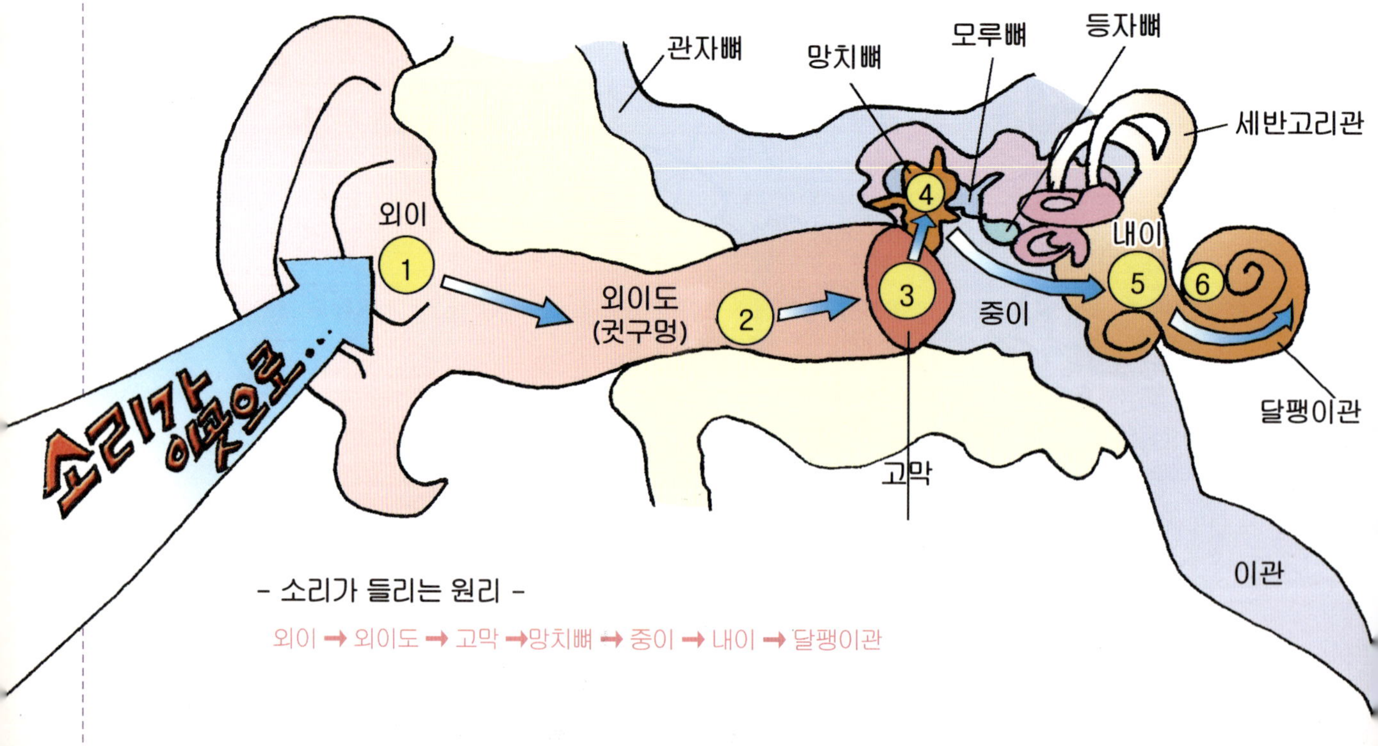

- 소리가 들리는 원리 -

외이 ➡ 외이도 ➡ 고막 ➡ 망치뼈 ➡ 중이 ➡ 내이 ➡ 달팽이관

그리고 달팽이관 안에 있는 달팽이세관은 얇은 막으로 상하 2단으로 칸이 막혀 나누어져 있는데 안에는 임파액이 가득 차 있습니다. 임파액에 진동이 전해지면 막 위에 있는 감각세포도 함께 진동하고 그 진동 때문에 세포에 나있는 짧은 털이 칸막이 경계의 얇은 막에서 튀어나와 있는 **코르티 기관**에 닿아서 펴졌다 구부러졌다 하는 거예요. 이것으로 인해 소리의 진동이 전기 신호로 변화합니다.

이 전기 신호는 감각세포 주변에 있는 가느다란 신경에 전해지고 귀 윗부분 가까이에 있는 뇌의 청각 중추에 전해져 여기서 소리로 듣게 되는데 이것을 공기전도라고 한답니다. 항상 듣고 있는 자신의 목소리는 고막을 통할 뿐 아니라 자신의 뼈에 진동하고 직접 내이의 임파액에 전해져 소리로서 들리게 되는데 이것을 공기전도에 비교해 골전도라고 한답니다.

그래서 직접 듣는 자신의 목소리와 녹음테이프에 녹음된 목소리는 소리가 전해지는 방법이 다르기 때문에 당연히 들리는 소리도 다를 수밖에 없답니다.

그렇다면 소리는 양쪽 귀에 똑같이 도착할까?

■ 코르티 기관 : 내이의 달팽이관 속에 있는 소리를 느끼는 감각기관. 길이는 약 3.7㎝이며 중앙에는 청세포가 있음.

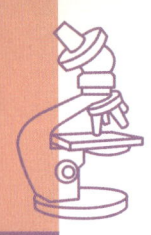

7- 귀와 청각

귀지는 왜 생기는 걸까?

외이도에는 땀샘과 지방선이 있는데 이곳에서는 끊임없이 분비물이 나오고 표피가 떨어집니다. 이것들이 먼지와 합쳐지면 귀지가 되는 것입니다.

귀지는 밖에서 들어오는 먼지나 세균 등의 이물질로부터 귀를 보호해주는 역할을 해준답니다.

귀지는 파내지 않는 것이 좋은 이유는 대부분의 귀지는 저절로 밖으로 밀려 나오거나 그냥 두어도 되기 때문이죠. 귀지가 밖으로 나오는 속도는 하루에 0.05㎜ 정도로 손톱이 자라는 속도와 비슷합니다.

그러나 귀지가 딱딱해져서 귓구멍을 막고 있으면 소아과나 이비인후과에 가서 빼내야 합니다. 귀지를 잘못 팠다가는 외이도에 상처를 입힐 수도 있으니까요.

귀에 벌레가 들어 갔을 때는 귀에 손전등을 비추면 됩니다.

귀에 물이 들어갔을 때는 수건을 깔고 바닥에 귀를 대고 있으면 됩니다.

혹시 귀에 벌레가 들어갔다면 방을 어둡게 하고 손전등을 귀에 비추면 되는데 대부분의 날벌레들은 빛을 따라 밖으로 나오기 때문이랍니다. 빛을 비추어도 나오지 않을 경우 식물성 기름이나 올리브유를 귓속에 한 방울 떨어뜨려도 효과가 있습니다.

귀에 물이 들어갔을 때도 귀를 후벼서는 안 됩니다. 귀에 물이 들어가면 귓속 피부가 약해지기 때문입니다. 이때 함부로 면봉으로 닦아내면 귓속 피부가 다쳐서 외이도염에 걸릴 수도 있으므로 귀에 물이 들어갔을 때는 물이 들어간 귀를 밑으로 하고 수건을 댄 뒤 반대쪽 머리를 가볍게 두드리고 귀가 마를 때까지 건드리지 않는 것이 좋습니다.

귀는 몸의 균형을 잡아주는 일도 하는데 귓속의 전정기관이 몸의 운동 감각과 위치 감각을 뇌에 전달하는 역할을 합니다. 전정기관 신경에 이상이 생기면 어지럽고 비틀거리게 되는데 이것이 **멀미**랍니다.

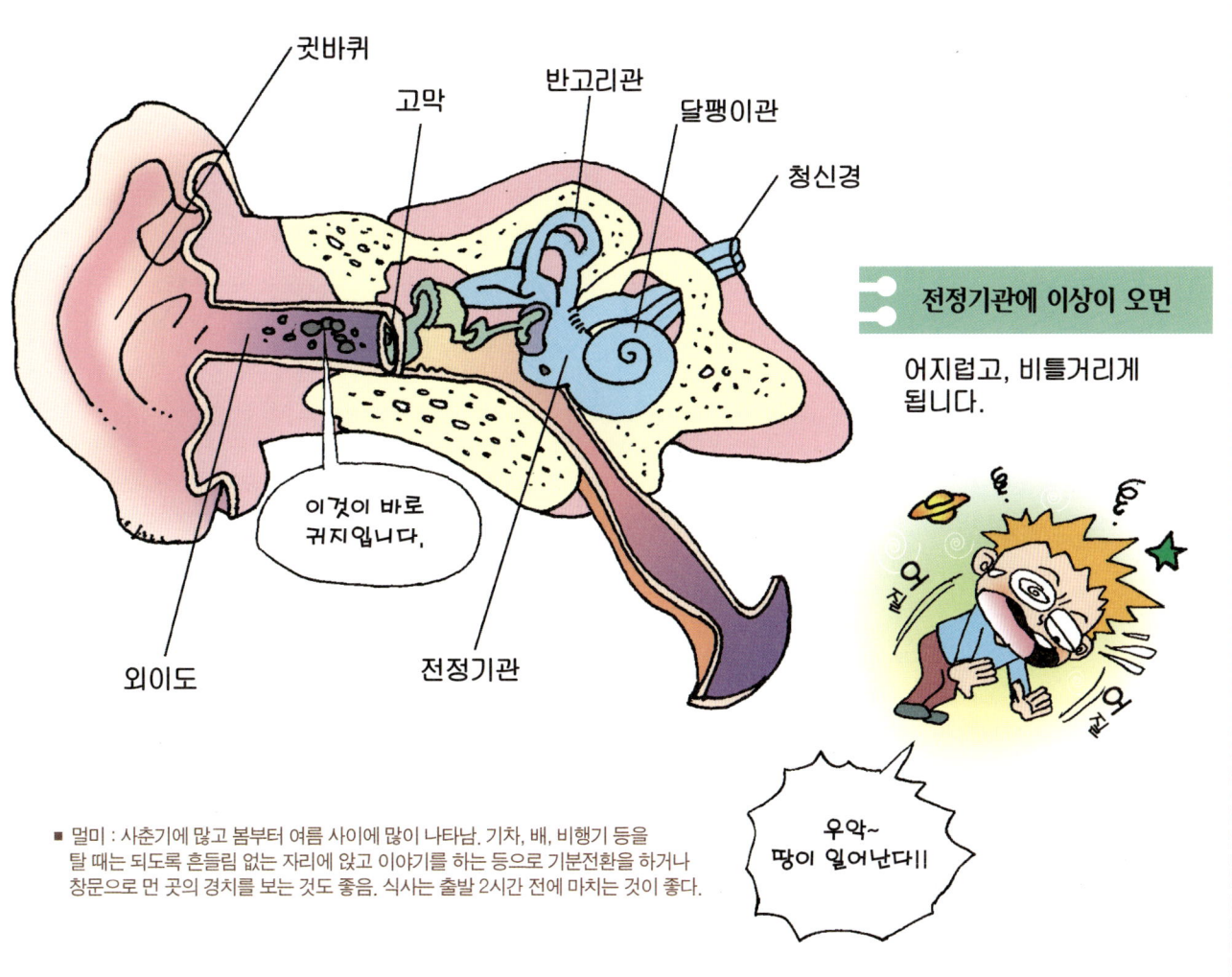

전정기관에 이상이 오면

어지럽고, 비틀거리게 됩니다.

- 멀미 : 사춘기에 많고 봄부터 여름 사이에 많이 나타남. 기차, 배, 비행기 등을 탈 때는 되도록 흔들림 없는 자리에 앉고 이야기를 하는 등으로 기분전환을 하거나 창문으로 먼 곳의 경치를 보는 것도 좋음. 식사는 출발 2시간 전에 마치는 것이 좋다.

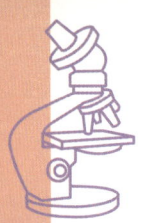

8 - 눈과 시각

갑자기 어두운 곳에 갔을 때 잘 안 보이는 까닭은?

우리가 밝은 곳에 있다가 영화가 이미 시작된 어두운 영화관 안으로 갑자기 들어갔을 때 처음에는 주위의 아무것도 보이지 않을 때가 있을 거예요.

망막에는 원추세포와 간상세포 즉, 빛을 느끼는 시세포가 2가지 있습니다. 원추세포는 밝은 빛을 느끼게 하는 세포이고 간상세포는 어두컴컴한 빛을 느낍니다.

밝은 곳에 있다가 갑자기 어두우면 잠시 아무 것도 보이지 않다가 적응이 되는 것은 간상세포의 색소가 조금씩 원래 상태로 되돌아가기 때문입니다.

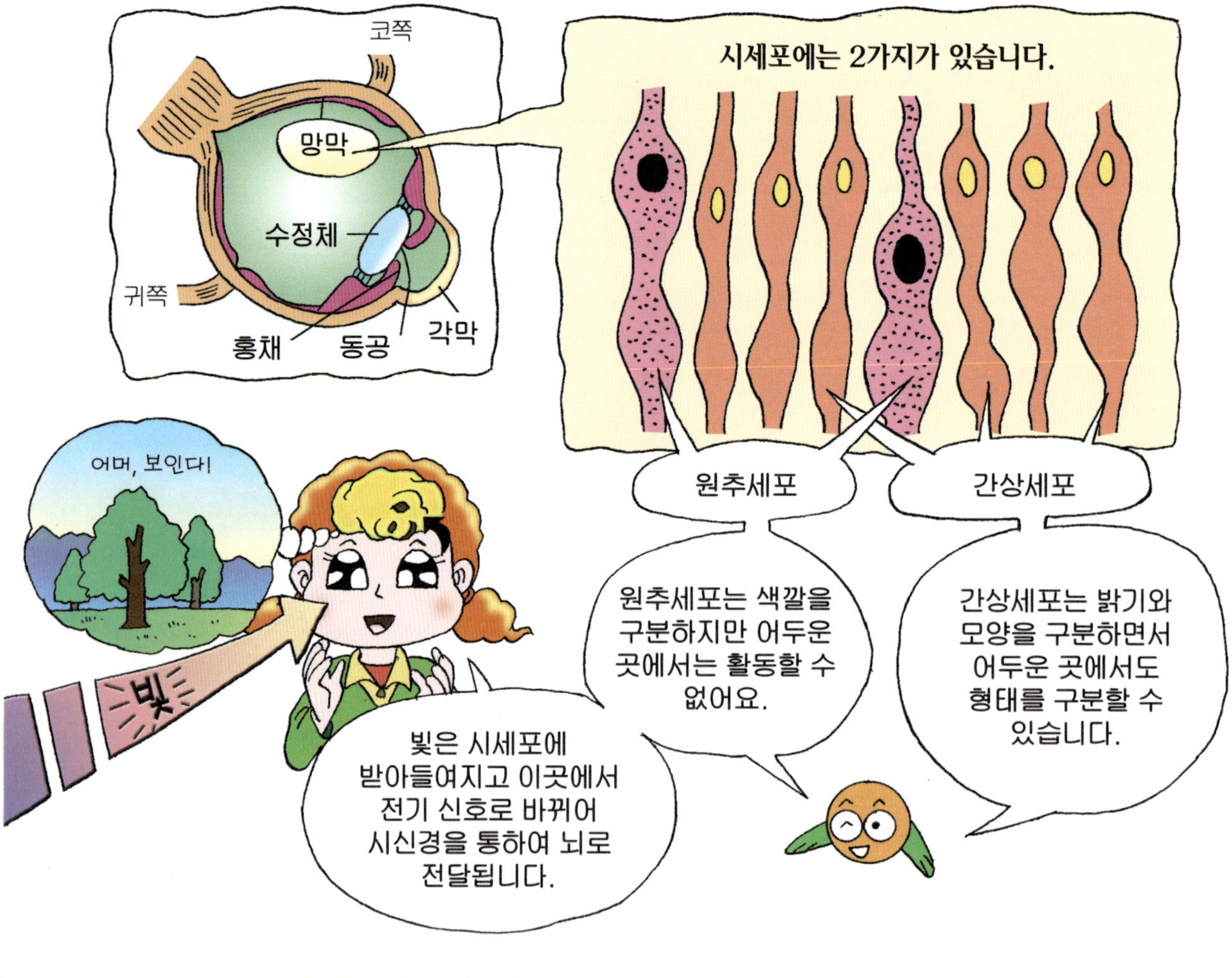

시세포에는 2가지가 있습니다.

코쪽 / 망막 / 수정체 / 귀쪽 / 홍채 / 동공 / 각막

원추세포 / 간상세포

어머, 보인다!

빛

원추세포는 색깔을 구분하지만 어두운 곳에서는 활동할 수 없어요.

간상세포는 밝기와 모양을 구분하면서 어두운 곳에서도 형태를 구분할 수 있습니다.

빛은 시세포에 받아들여지고 이곳에서 전기 신호로 바뀌어 시신경을 통하여 뇌로 전달됩니다.

간상세포 안에는 적자색의 색소가 있어서 여기에서 빛을 느끼게 되는데 이 색소는 빛이 닿으면 분해되어 점점 색깔이 바래집니다. 하지만 빛을 가려 어둡게 하면 다시 원래의 색소로 되돌아가는 성질이 있는데 물론 밝은 곳에서 오래 있다고 해도 간상세포가 영원히 없어지는 것은 아니랍니다. 단지 밝은 곳에 있을 때 색소가 바랜 간상세포로 변하고 대신 원추세포가 활동하여 잘 보이게 되므로 문제는 없답니다.

그러나 간상세포의 색소가 바래 버린 상태에서 어두운 곳에 급하게 들어가면 원추세포는 어두운 빛을 느끼지 못하기 때문에 아무것도 보이지 않게 됩니다.

8 - 눈과 시각

눈은 둘인데 물건이 하나로 보이는 것은?

만약 우리의 눈이 하나 밖에 없었다면 멀고 가까운 것을 구별하지 못했을 거예요. 다행히 눈이 두 개이기 때문에 거리(원근감)를 느낄 수 있습니다. 거리를 느낄 수 있는 것은 각도 때문인데, 오른쪽 눈이 바라보는 각도와 왼쪽 눈이 바라보는 각도가 서로 다르기 때문에 물체를 보는 사람은 물체와 자신이 얼마나 떨어져 있는지 알 수 있습니다.

우리 눈의 조직은 카메라와 많이 닮았습니다. 눈에서 카메라의 렌즈에 해당하는 기능을 하는 것은 수정체입니다. 사물이 비치는 필름 역할을 하는 것은 망막이며, 카메라의 조리개와 닮은 역할을 하는 것이 홍채랍니다. 눈 하나하나가 각각 카메라와 비슷한 일을 하기 때문에 눈의 좌우에는 각각 하나의 경치가 비치는 것이지요.

정확한 화상을 뇌로 본다.

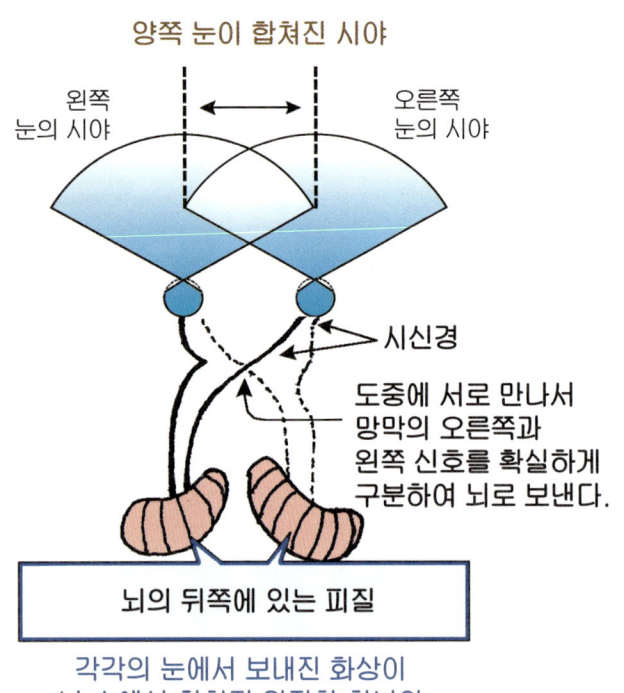

수정체로 초점을 맞춘다.

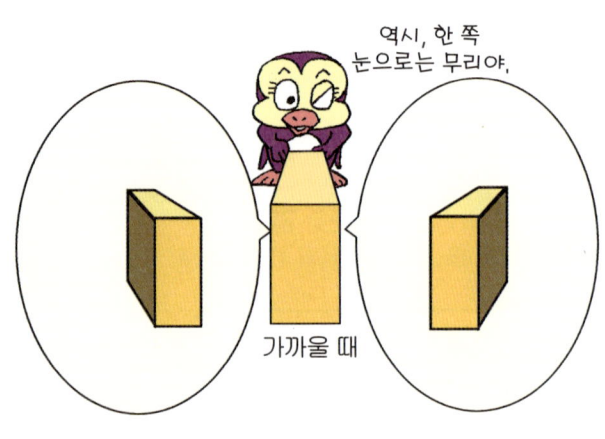

한쪽 눈을 감고 계단을 내려 간다고 생각해보세요. 아마 불안할 거예요. 그것은 거리감을 모르기 때문이지요. 또 오른손 검지 끝과 왼손 검지 끝을 붙이려고 할 때 한쪽 눈을 감고 하면 잘 되지 않지만 두 눈을 다 뜨고 할 때는 잘 될 거예요.

눈의 좌우와 물건을 직선으로 연결해 이루어진 각도는 물건과의 거리가 멀 때와 가까울 때가 서로 다른데, 이 각도를 시각이라고 합니다. 가까운 곳일수록 시각은 커지고 먼 곳일수록 시각은 작아지게 됩니다. 이것은 결국 뇌가 시각의 크고 작음에 따라서 물건과의 거리를 재고 있는 것이랍니다. 그래서 우리의 눈이 좌우에 둘 다 있는 것은 거리를 재기 위해선 아주 중요한 일이지요.

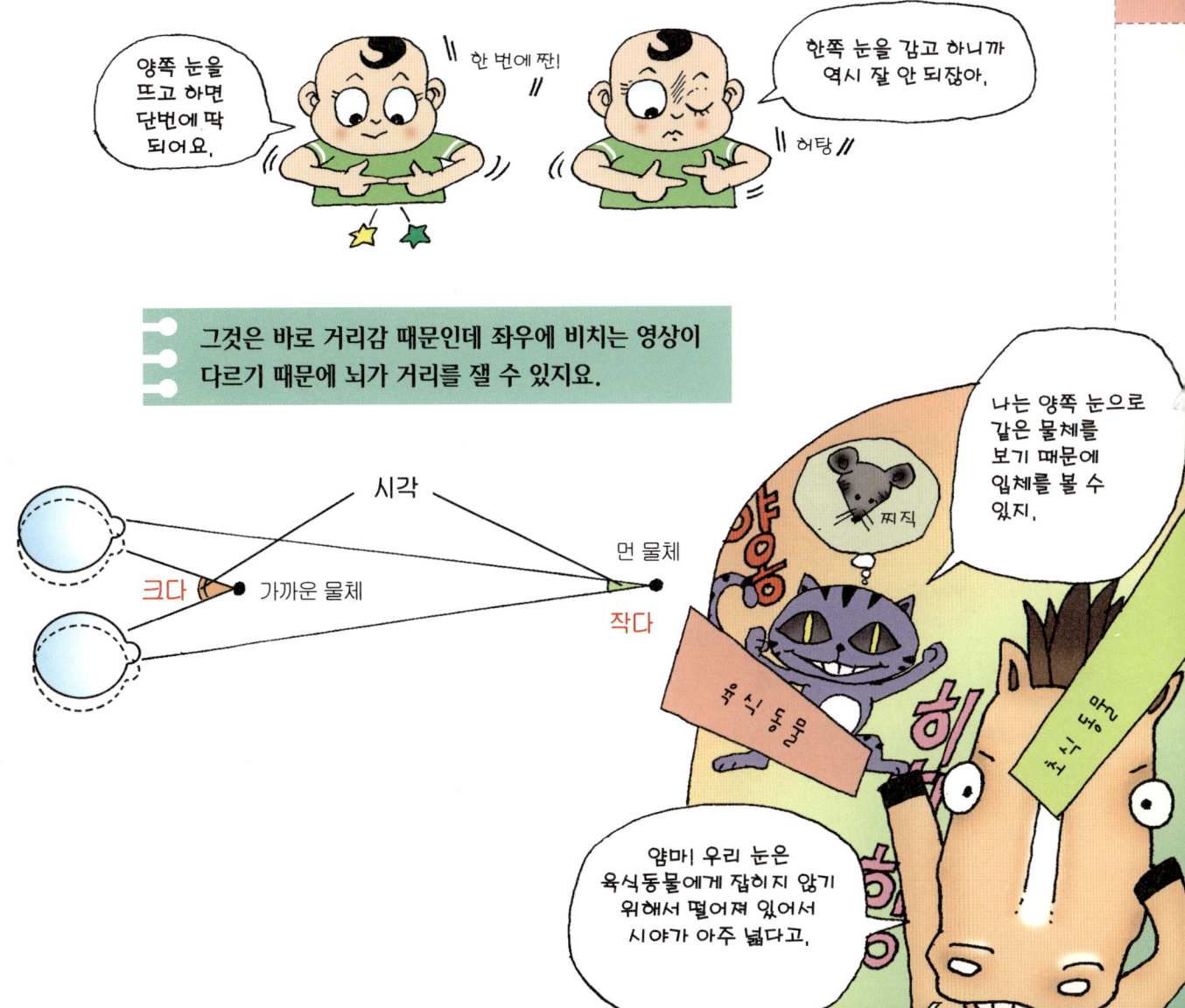

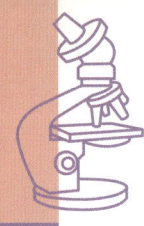

8-눈과 시각

눈물은 어디서 나오는 거야?

기쁠 때, 슬플 때, 몹시 아플 때나 양파를 깔 때, 하품을 할 때에 눈물을 흘리게 됩니다.

눈물은 바로 눈꺼풀 바깥쪽에 있는 눈물샘에서 만들어져 나오는 거랍니다. 티끌이나 먼지 같은 것이 안구에 직접 닿지 않게 하기 위해 눈물샘에서 끊임없이 눈물을 분비하여 눈을 촉촉하게 해줍니다.

하루에 분비되는 눈물의 양은 0.6cc 정도이에요. 우리가 기쁠 때나 슬플 때는 뇌의 부교감 신경이 자극을 받아 눈물샘이 작용하므로 눈물을 흘리게 된답니다.

눈물은 눈을 보호합니다.

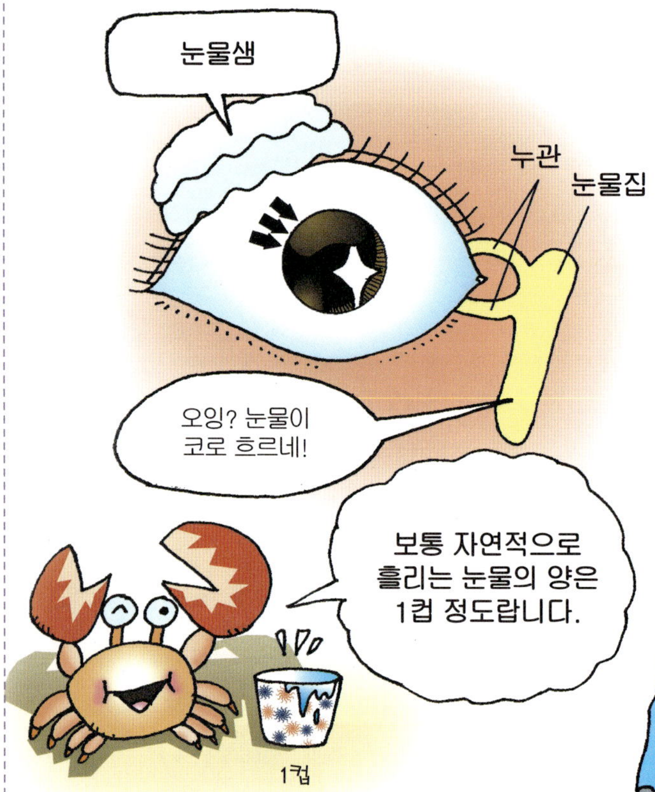

눈물샘 / 누관 / 눈물집

오잉? 눈물이 코로 흐르네!

보통 자연적으로 흘리는 눈물의 양은 1컵 정도랍니다.

1컵

눈에 티가 들어갔을 때

연기가 날 때

눈에 세균이 들어갔을 때

폴짝~ 세균

이 때 눈물은 수분이 많고 염소나 나트륨, 칼슘 등의 성분이 적기 때문에 맛이 연합니다.

하지만 평소에 분비되는 눈물이나 분할 때, 화가 났을 때 흘리는 눈물은 수분이 적고 성분이 진하므로 맛도 진합니다.

하품을 할 때 나오는 눈물은 눈물샘 안에 고여 있던 눈물이 하품 때문에 얼굴 근육이 긴장하면서 눈물샘을 자극하면서 나오는 것이랍니다.

그리고 우리가 가끔 눈을 비비게 되는 것은 안구가 건조해지기 때문이지요. 졸릴 때 눈을 비비는 것은 누선을 자극해 눈물 분비를 촉진시켜 졸음을 쫓으려는 과학적인 행위이지요.

우리가 눈을 비비는 것은?

누선을 자극하여 눈물 분비를 촉진시켜 졸음을 쫓으려는 과학적 행위입니다.

역시 시신경이 눈물샘을 자극하기 때문이랍니다.

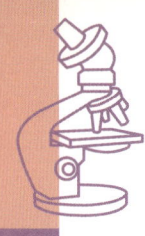

8-눈과 시각

눈썹은 어떤 역할을 하는가?

눈썹은 좌우를 합쳐 1,300여 개의 털로 이루어져 있고 눈썹의 수명은 신체에 있는 다른 털 중에서도 가장 짧습니다. 3~4개월 사이에 빠지고 새로 나오므로 항상 짧은 상태로 있는 것이랍니다.

눈썹은 눈 위에 약간 튀어나온 안면 골격에 있는 피부에 있습니다. 눈썹은 눈을 보호하고 눈 안으로 들어오는 세균이나 곰팡이 그리고 미세한 먼지를 막아주는 역할을 해줍니다. 또한 흙먼지가 많은 곳에서 눈썹 위에 흙먼지가 많이 앉아 있는 것을 경험할 수 있을 거예요.

눈썹은 햇빛을 막아주는 역할도 하는데 태양이 강하게 내리쬐면 저절로 얼굴을 찌푸리게 되지요. 그럴 때 눈썹은 조금 앞에 나와 있기 때문에 햇빛이 직접 들어 오는 것을 막아주어 강한 햇살로부터 눈을 보호합니다.

눈썹이 하는 일

눈을 보호하고 눈 안으로 들어오는 세균, 곰팡이 그리고 미세한 먼지를 막아주는 역할을 합니다.

뜨거운 햇볕을 차단하여 강한 햇살로부터 눈을 보호합니다.

땀이 흐를 때 양쪽 옆으로 흐르게 하여 둑 같은 역할을 합니다.

그리고 땀이 눈에 들어오는 것도 막아줍니다. 이마에는 땀샘이 많아서 운동을 하거나 긴장을 하면 땀이 나오고 이마에서 흐르는 땀은 곧바로 눈에 들어가지 않고 눈썹을 타고 얼굴의 양쪽으로 자연스럽게 흐르게 됩니다. 이렇게 땀으로부터 눈을 보호하는 둑 같은 역할도 한답니다.

땀이 흘러 눈썹이 감당하지 못하면 깨끗한 수건으로 이마를 닦아 눈에 땀과 먼지들이 들어가지 않도록 해야 합니다. 눈곱이 많이 끼는 것도 눈물샘에서 분비되는 점액물질(눈물)과 먼지 등이 말라서 굳어졌기 때문입니다. 공기가 좋지 않은 곳에서 오랫동안 있다가 나중에 보면 눈곱이 생긴 것을 발견할 수 있어요.

눈을 마음의 창이라고도 합니다. 우리가 감각을 통하여 들어오는 정보의 80%를 담당하는 곳이 바로 눈으로 들어오는 시각입니다. 그런 눈을 보호하는 것이 눈썹과 눈꺼풀, 눈물이랍니다.

눈썹도 패션의 한 부분이다!

속눈썹은 눈 안으로 이물질이 들어가는 것을 막는 셔터 역할을 합니다.

가는 눈썹   숯검댕이 같은 눈썹   일자 눈썹

이제는 눈썹도 시대와 유행에 따라 다양하게 변하고 있답니다.

8 - 눈과 시각

눈곱은 왜 낄까요?

우리 눈의 구조를 살펴보면 눈알, 눈물샘, 눈썹, 눈을 움직이는 힘살 등으로 되어 있습니다. 눈의 힘살은 눈알을 자유롭게 움직이게 할 뿐 아니라 수정체의 두께를 조절해 경치나 글자 등의 상이 망막에 뚜렷하게 비치도록 해줍니다.

우리가 잠을 자고 있는 동안에도 눈물이 나오는데 이 눈물은 슬퍼서 흘리는 눈물이 아니라 눈을 보호해 주기 위해 흘러 나오는 것이랍니다. 또 깨어 있을 때에도 눈물은 흐르고 있는데 그것은 눈에 작은 티끌이 들어오면 이 티끌을 씻어내는 일을 하게 되지요.

눈물에는 살균력이 있어서 눈 표면을 깨끗한 무균 상태가 되게 한답니다. 눈물은 영양소와 산소를 각막에 공급하는 역할도 합니다. 그리고 잠을 자는 동안 눈물과 땀, 기름이 눈꺼풀 주위에 모이게 되는데 이것이 굳어서 눈곱이 되는 것입니다.

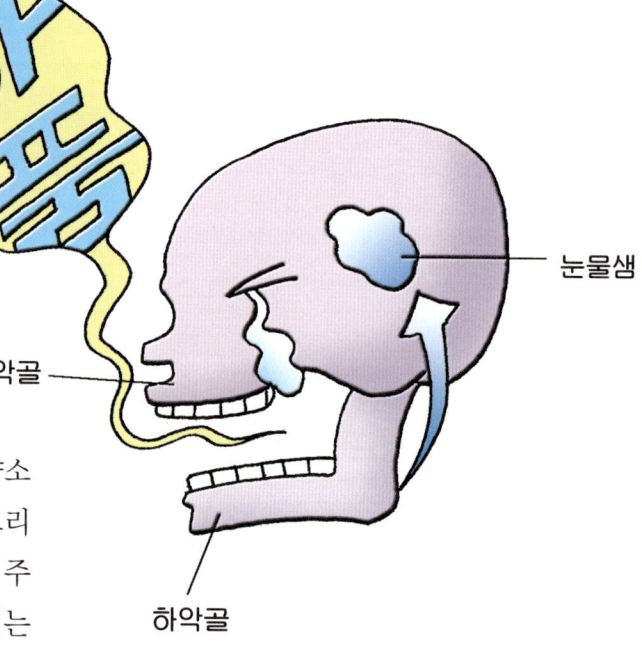

리 눈에 있는 망막은 사진기의 필름과 같은 역할을 하며 물체의 상이 맺히는 곳이기도 하지요.

수정체는 사진기의 렌즈처럼 빛을 한데 모으는 작용을 하는데 눈조리개는 눈을 벌렸다 좁혔다 해서 빛의 양을 조절하는 사진기의 조리개 역할을 합니다.

시신경은 망막에 맺힌 상을 큰 골에 전달하는 역할을 합니다. 즉 물체의 빛이 눈동자를 통해 눈 안에 들어오면 수정체를 통과할 때 굴절되어 망막에 상을 맺고 이를 시신경이 큰 골로 전하여 물체의 모양과 빛깔을 알게 됩니다.

눈과 카메라의 모양을 비교해 보자

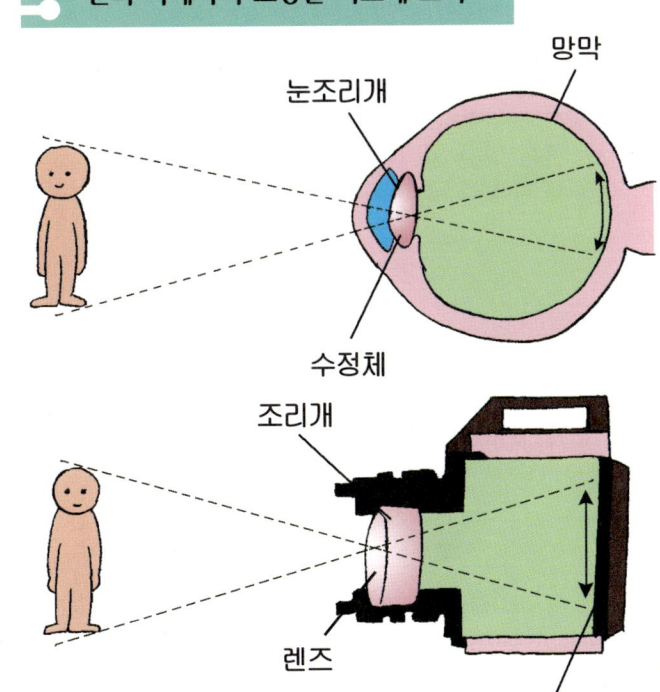

물체의 상이 시신경을 통하여 골로 전달되는 모습

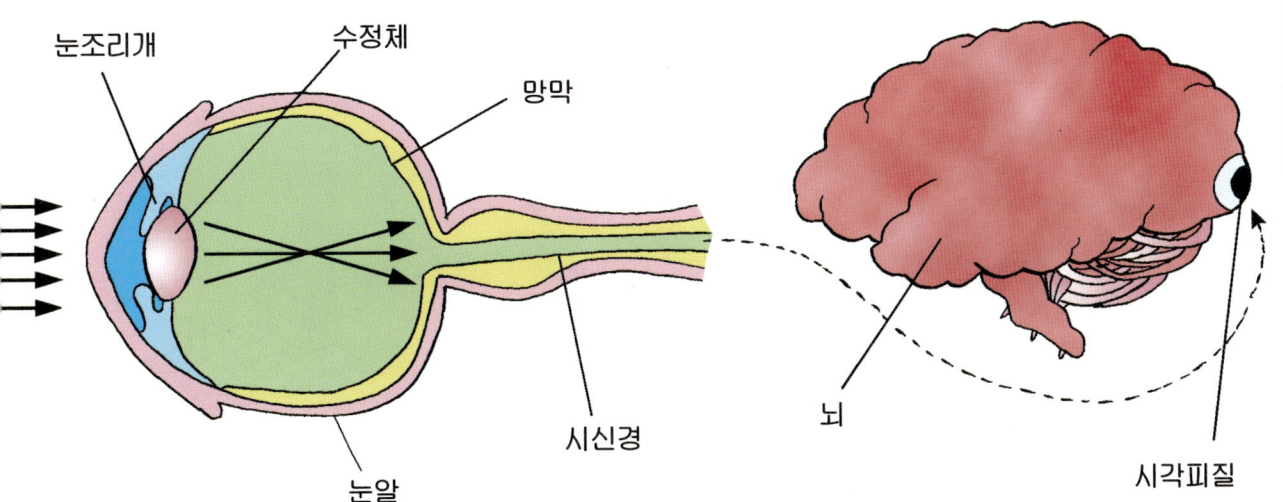

■ 안경을 쓰는 이유는 무엇일까? :
　멀리 있는 사물이 잘 보이지 않는 경우(근시), 가까운 사물이 보이지 않는 겨우(원시, 노안) 또는 사물이 변형되어 보이는 경우(난시)가 있습니다. 안경 렌즈는 사물을 명확하게 구분 할 수 있도록 시력을 교정해 주는 거지요. 재미있는 사실은 로마의 폭군 네로도 안경을 썼답니다.

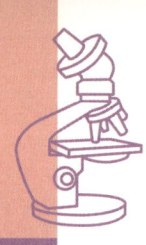

9- 코와 후각

자면서 코를 고는 이유는?

코는 사람이 숨을 쉴 때 공기가 드나드는 통로입니다. 코를 고는 것은 이 통로가 좁아져서 연조직이 떨어지면서 숨을 쉴 때 연조직이 심하게 떨리기 때문입니다. 또는 잠자는 습관이나 코가 막혔다거나 살이 많이 찐 사람이 같은 이유로 코를 골게 될 가능성이 큽니다.

어느 정도 차이는 있을 수 있으나 누구든지 코를 곤다고 합니다. 코를 골면 자신도 모르는 사이에 함께 자던 사람의 수면을 방해하게 되지요.

시끄럽게 코를 고는 사람의 대부분은 코가 막혀 입으로 호흡하게 됩니다. 호흡하기 위해 입을 벌리고 있으면 진동이 커져 코고는 소리도 커지게 됩니다.

코를 골게 되는 원인을 살펴보면…

- 잠에서 깨어 있을 때 연구개는 긴장하고 있습니다.
- 수면 중 근육의 긴장이 풀어질 때,
- 공기가 잘 통하지 않으면 숨 쉴 때마다 진동한다.

뚱뚱한 사람이나 연구개가 큰 사람은 코를 잘 곤답니다.

정말 못살아~~

그리고 연구개가 크거나 몸이 매우 뚱뚱하고 무거운 사람, 코에 병이 있는 사람 등이 코를 잘 고는데 이것은 호흡할 때 잘 통과하지 못하기 때문이랍니다.

이외에도 너무 피곤해서 잠이 들면 연구개의 끝부분에 늘어져 있는 구개수(목젖)가 목 안쪽으로 들어가 버리게 되면 공기의 통로가 좁아져 목이 떨리므로 코고는 소리가 커지기도 합니다.

코를 심하게 골면 베개를 낮춰주거나 옆으로 눕게 해서 호흡을 잘 할 수 있도록 도와주면 코고는 것을 멈추게 하는 데 큰 효과가 있습니다.

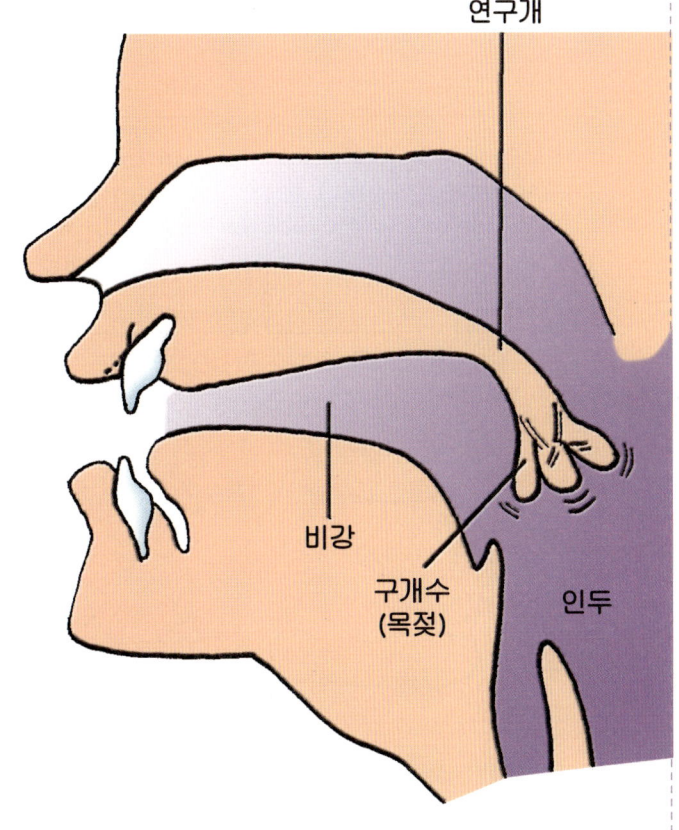

9- 코와 후각

콧물은 어디에서 만들어지는 걸까?

콧물은 비강 안의 점막에서 만들어지는데 하루에 보통 1리터씩이나 만들어진답니다.

콧물은 아미노산, 탄수화물 효소로 구성되어 있습니다. 이 효소가 콧속으로 들어오는 먼지나 병균을 잡아주고, 온도조절 기능도 하여 바깥 공기의 온도를 체온과 비슷하게 만들어주는 역할도 한답니다.

콧물이 비점막에서 나온다는 생각은 17세기에 독일의 해부학자 슈나이더가 처음으로 재창해낸 것입니다. 그 이전에는 콧물이 뇌에서 생겨 뇌하수체를 통해 코로 흘러나오는 것이라고 알고 있었답니다.

공기 안을 떠다니는 눈에 보이지 않는 수많은 바이러스와 박테리아들은 공기나 음식과 함께 코를 통해 몸 속으로 들어와 번식 활동을 시작합니다. 몸의 저항력이 약해지면 각각의 바이러스에 감염을 일으켜 감기에 걸리게 하는 거랍니다.

- 왜 개는 냄새를 잘 맡는 걸까요? :
  개의 주둥이 안쪽에 냄새로 느끼는 섬모들이 사람보다 무려 20배까지 넓게 덮혀 있기 때문입니다.
  냄새에 관여하는 대뇌 세포도 사람보다 40배 이상 발달되어 있지요.

감기에 걸리면 콧구멍 안의 점막이 부풀어 올라 점액이 많이 나오는데 이것이 바로 콧물입니다.

그리고 울 때 눈물과 함께 콧물이 나오는 경우가 있는데 이것은 눈물주머니와 코가 연결되어 있기 때문입니다.

눈물을 많이 흘리면 눈물샘에서 나온 눈물이 이 연결관을 통하여 코로 빠져 나가는데 평상시에는 비루관(눈물관)으로 가는 도중에 마르게 됩니다. 하지만 눈물이 미처 마르지 못했을 때에는 콧물이 되어 코에서 흘러나오게 되는 것이랍니다.

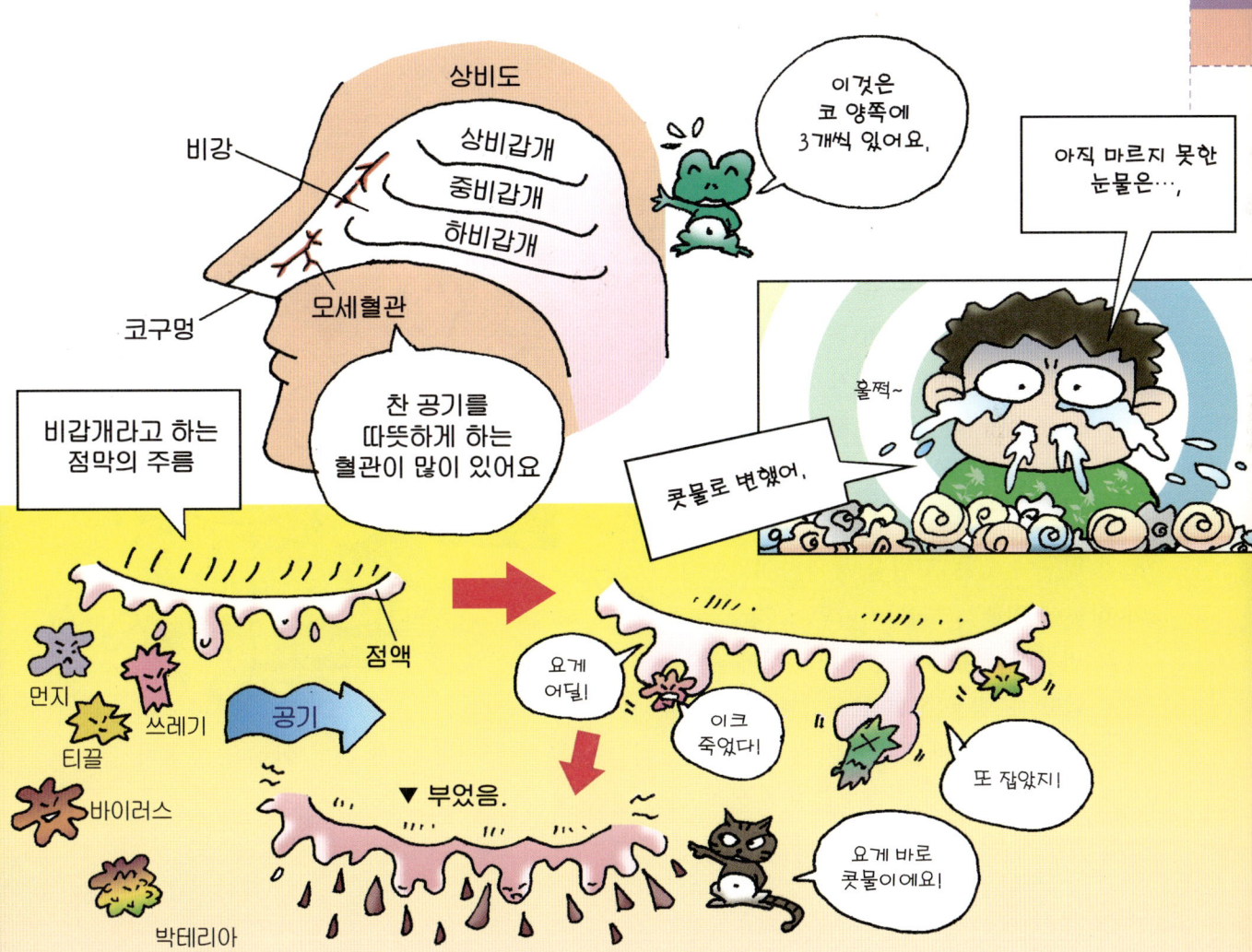

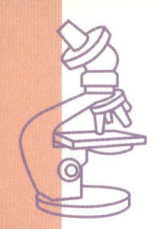

9- 코와 후각

코털이 오염된 공기를 거르는 필터라니?

코는 사람이 공기를 들이마시고 내쉬게 하는 중요한 역할을 맡고 있습니다. 코가 없다면 사람은 입으로 숨을 쉬어야 하는데 그러면 얼마나 힘이 들겠어요. 그리고 나쁜 공기를 걸러주는 코털이 우리 몸의 공기 청정기 역할을 하여 숨이 막히지 않게 해준답니다.

공기에는 우리 몸에 꼭 필요한 산소 외에도 몸에 해로운 물질이 많이 들어있는데 이런 나쁜 물질들까지 들이마시게 된다면 쉽게 병이 들고 말겠지요.

그러나 걱정하지 마세요. 공기 속 세균이 침입하지 못하도록 아주 철저하게 막아주는 코가 있으니까요. 콧속에는 병균이나 대기 오염 물질이 몸 속에 들어가지 못하도록 콧속의 파수꾼 코털이 지키고 있으니까요.

우리가 숨 쉴 때 들어온 공기는 코의 입구에 있는 코털을 통과하여야 하는데 이때 코털을 지나던 공기 속의 먼지나 이물질이 1차로 코털에 걸리게 되고, 코털을 통과한 공기는 코의 양쪽 볼이 튀어나온 비갑개를 지나가게 됩니다. 이때 불순물이 콧속에 붙게 되며 이곳을 통과한 공기는 코 맨 뒤쪽에 갑자기 직각으로 방향이 바뀌는 곳을 지나가게 된답니다.

어머 더러워~ 코딱지 좀 그만 파라!

코딱지는 나쁜 오염 물질들을 거르는 과정에서 생기는 자연스러운 현상이야.

이거 왜 이래!

후비적~ 후비적~

■ 추워지면 금방 코가 막히는 이유는 뭘까? :
춥고 공기가 건조한 겨울이 되면 폐로 보내는 공기를 따뜻하게 해주기 위하여 코의 혈관이 확장되는데 여기에 스트레스가 가해지면 코가 막히게 된답니다.

갑 자기 방향이 바뀌게 되면 나쁜 물질은 목구멍 부분에 가라앉게 되지요. 그러므로 비교적 깨끗한 공기만 기관지로 들어가게 되는 것입니다.

사람들이 답답하다고 손가락을 콧속에 넣어 떼어내는 코딱지들은 바로 코털이 훌륭하게 걸러낸 오염물질들이랍니다.

코를 통해 몸 속으로 들어가려던 오염물질은 코털에 걸려 콧물과 함께 섞여 있다가 수분이 없어지면 코딱지로 남는 것입니다.

■ 코는 몇 가지 냄새를 구분할 수 있을까? :
우리는 3,000~4,000가지의 냄새를 맡을 수 있으며, 훈련을 받으면 1만 가지 이상의 냄새도 구별할 수 있답니다.

10-피부와 촉각

지문이 똑같은 사람이 있을까?

이 세상에는 똑같은 지문을 가진 사람이 단 한사람도 없답니다. 똑같은 지문을 가진 사람이 있다면 유령일 거예요. 유령도 지문이 있다면 말이죠. 아무리 똑같이 생긴 쌍둥이라도 지문은 다릅니다.

지문이 사람마다 다른 이유는 각기 고유한 유전적인 성질을 갖고 있기 때문입니다. 사람의 지문은 태어나기 5개월 전부터 생기기 시작하는데 한 번 생긴 지문은 평생 변하지 않습니다. 손가락에 상처가 나서 살갗이 벗겨진 후 다시 새살이 돋아도 여전히 똑같은 지문이 나오게 됩니다. 사람의 지문은 크게 반원형, 나선형, 고리형 등 세 가지로 나눌 수 있습니다.

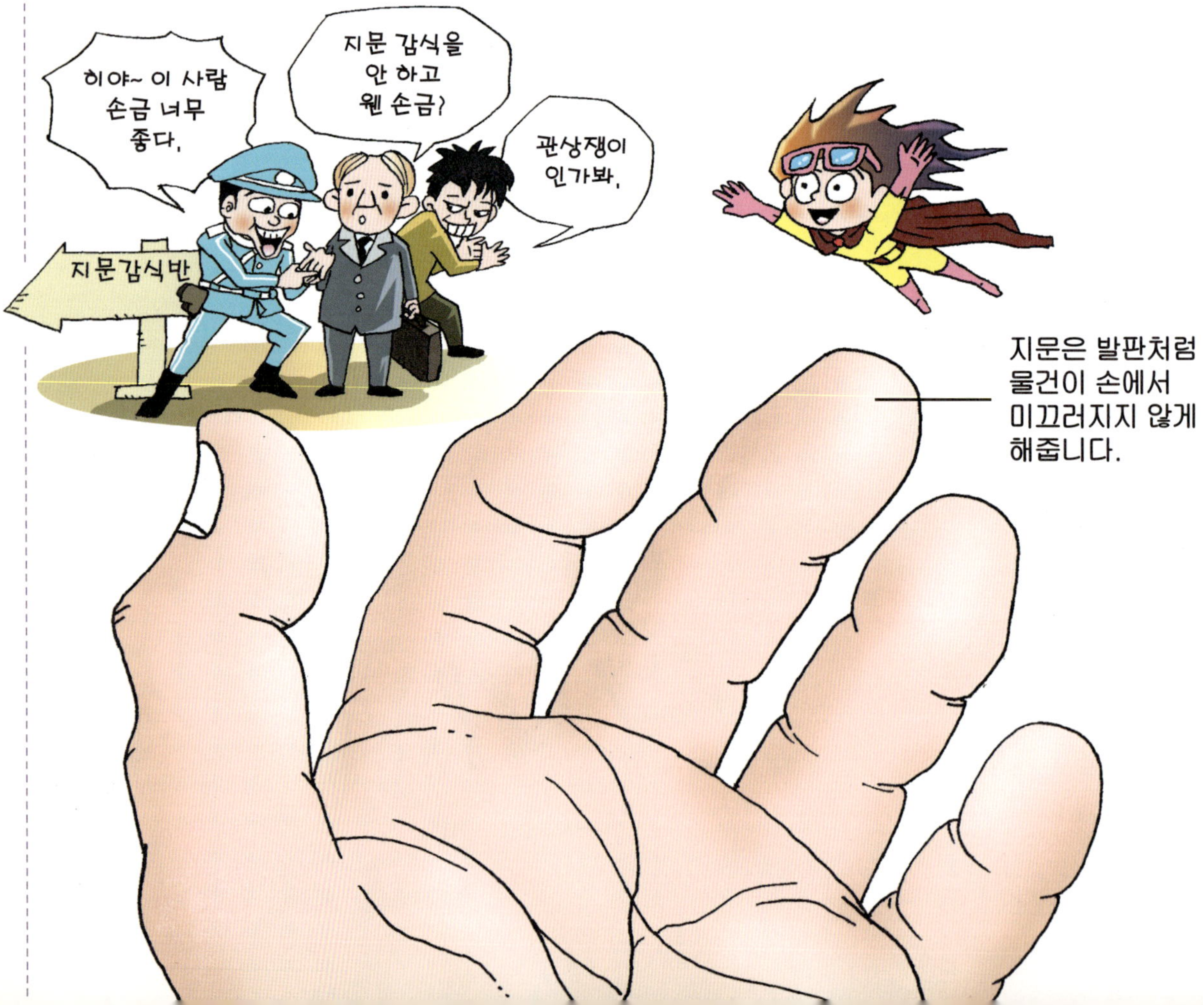

히야~ 이 사람 손금 너무 좋다.

지문 감식을 안 하고 웬 손금?

관상쟁이인가봐.

지문감식반

지문은 발판처럼 물건이 손에서 미끄러지지 않게 해줍니다.

리가 눈을 가리고 손가락으로 물체를 만져보기만 해도 그것이 무엇인지 대충 알 수 있는 것은 다른 부위보다 감각이 민감하기 때문입니다. 이렇게 손가락 끝의 감각이 민감한 것은 지문 덕분입니다.

지문은 빨판과 같은 역할을 하기 때문에 물건을 잡을 때 미끄러지는 것을 막아줍니다. 형사들이 범죄 현장에서 가장 먼저 하는 일은 지문 감식입니다.

지문은 누구나 가지고 있는 그 사람 고유의 표시입니다. 지문만 찾아낸다면 그 사람이 누군지 정확히 찾아 낼 수 있기 때문이랍니다.

여러 가지 지문 형태

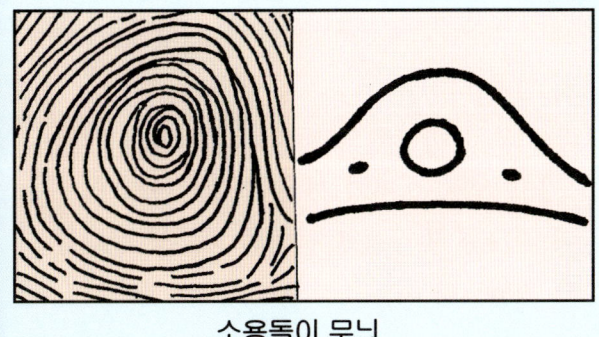

소용돌이 무늬

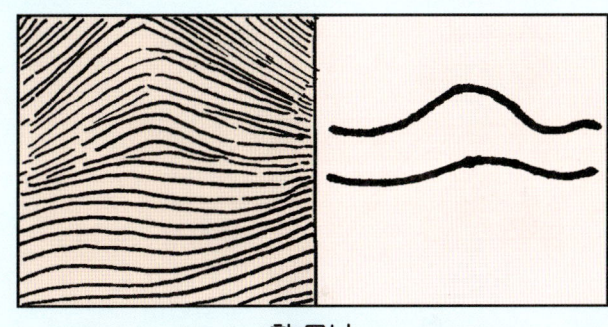

활 무늬

말굽 무늬

돌기활 무늬

■ 지문의 채취 : 영화나 TV에서 지문을 채취하는 일을 하는 것을 종종 볼 수 있지요. 인쇄용 잉크를 롤러로 유리판 위에 엷게 펴고 그 위에 손가락을 돌려서 잉크를 묻혀서 종이에 찍으면 되지요. 찰흙을 사용하기도 합니다.

햇볕에 피부가 검게 타는 이유는?

태양빛이 내리쬐는 무더운 여름철에 바닷가에서 일광욕을 하거나 운동을 하고 나면 나도 모르는 사이에 피부가 구릿빛으로 탑니다. 이렇게 타는 것은 피부 속에 있는 멜라닌 색소의 작용 때문입니다.
태양 광선에는 피부에 유해한 자외선이 포함되어 있지요.

신진대사가 반복되는 모습

 ◀ 기저층에서는 계속해서 새로운 세포가 만들어지고 있습니다.

 ◀ 성장하기도 하죠.

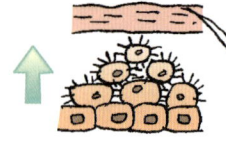 ◀ 위로 층을 쌓여가는데 제일 위는 각질층입니다.

멜라닌 색소는 자외선을 흡수하여 태양 광선을 차단하고 피부를 지키는 역할을 합니다. 또한 햇볕 아래에서 그 빛을 받으면 **멜라닌 색소**가 계속해서 만들어진답니다. 멜라닌은 흑갈색의 색소로 시간이 흐르면 피부색이 탄 것처럼 검게 되지요.

그러나 피부 바깥쪽의 표피는 끊임없이 떨어져 나가고 새로 생기기 때문에 멜라닌도 일정 시간이 지나면 벗겨지고 원래의 피부색으로 돌아오게 된답니다.

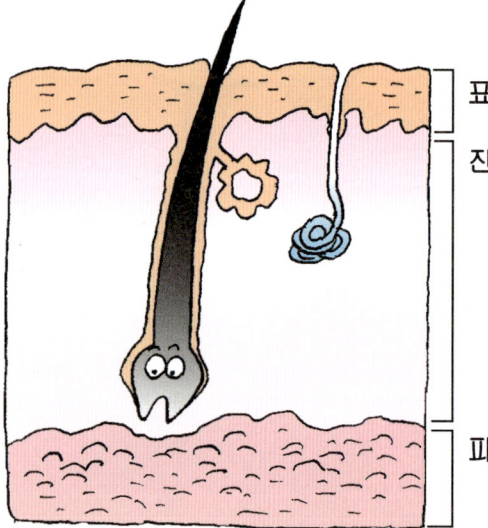

그런데 태양 광선에 있는 자외선에는 파장이 긴 것과 짧은 것이 있어서 피부에 주는 영향이 각각 다릅니다. 파장이 긴 것은 피부 깊숙이 침투하기 쉬워 오랜 시간 쬐고 있으면 피부 세포가 파괴되고 기미나 주름 등의 원인이 되지요. 건강한 피부를 유지하려면 비타민 A나 카로틴이 풍부한 당근과 토마토 등과 멜라닌 색소의 환원작용이 있어서 기미, 주근깨에 좋은 비타민 C가 많은 야채나 과일 그리고 피부의 노화를 방지하는 비타민 E가 풍부한 멸치, 꽁치, 간 등을 많이 먹는 것이 아주 효과적이랍니다.

■ 멜라닌 색소 : 사람의 머리털이나 검은 점, 낙지의 먹물, 파충류의 피부 등에 있답니다. 멜라닌 양이 많으면 사람의 피부색이 황갈색에서 흑갈색을 띠고, 적을수록 색이 엷어진답니다.

10-피부와 촉각

피부에는 감각점이 있다는데?

피부는 박테리아나 바이러스 같은 병원균이 우리 몸으로 들어오는 것을 막아주는 방패 역할을 합니다.

피부에 있는 땀샘은 우리 몸 안에 있는 노폐물을 땀을 통하여 밖으로 내보내는 일도 하는데 그 중에서도 감각을 느끼는 중요한 일도 합니다.

가끔 친한 친구에게 꼬집힘을 당하면 아프고 뜨거운 것에 손을 데었을 때 뜨겁다는 것을 느끼게 됩니다. 이렇게 피부가 아프고, 뜨겁고, 차가운 것을 느끼는 이유는 피부에는 보이지 않지만 감각을 느낄 수 있는 여러 종류의 작은 점들인 감각점이 있기 때문이에요.

감각점 중에는 따뜻한 것을 느끼는 온점, 아픔을 느끼게 하는 통점, 차가운 것을 느끼는 냉점이 있습니다.

누르고 있다는 것을 느끼는 압점도 있으며 이런 통점이나 냉점, 온점, 압점 등 모두를 감각점이라고 합니다.

너 개구리 왕눈이구나!

놀랍다, 만지기만 하고 알아맞히다니!

그건 피부에는 촉점이라는 감각점이 있기 때문이란다.

그리고 감각점 중에는 부드럽고 딱딱한 것을 느낄 수 있는 촉점이 있습니다. 이 촉점 때문에 눈을 감고 손으로 무엇을 만지기만 하여도 그것이 무엇인가를 대충 알 수 있는 거랍니다. 이 촉점은 손가락 끝에 가장 많이 있습니다. 그것은 우리가 물건을 만지기에 손이 가장 편리하기 때문이지요.

피부는 햇볕을 받아서 비타민 D를 합성하는 중요한 일을 합니다. 비타민 D는 뼈에 영향을 주는 영양소이기 때문에 어린이에게 모자라면 구루병이라는 병이 생기게 되지요.
그래서 집안에만 너무 오래 있지 말고 밖에서 햇볕도 받으면서 친구들과 함께 뛰어놀아야 건강을 지킬 수 있는 거랍니다.

아픔을 느끼게 하는 통점

차가운 것을 느끼는 냉점

통점이나 냉점, 온점, 압점을 감각점이라고 합니다.

따뜻한 것을 느끼는 온점

누르고 있다는 것을 느끼는 압점

■ 주름 : 피부 밑에 있는 근육이 주기적으로 수축함에 따라 나타나는 것으로 어린이에게도 있답니다. 주름은 얼굴의 표정에 따라, 자는 습관에 따라, 자외선에 따라 생기기도 한대요.

10-피부와 촉각

아토피성 피부염이란 무엇인가요?

어느 날 갑자기 몸이 가렵기 시작하여 밤에도 잠을 못자고 피가 나도록 긁어도 여전히 가려울 때가 있습니다. 이렇게 몸이 심하게 가려울 때는 아토피성 피부염을 의심해봐야 합니다.

아토피는 그리스어로 '뜻을 알 수 없는' 또 '비정상적인' 이란 말이에요. 아토피성 피부염은 원인을 알 수 없는 피부병이라는 의미가 됩니다.

아토피성 피부염을 일으키는 원인 중에는 돼지고기, 닭고기, 계란, 땅콩, 우유, 두유, 밀가루, 생선 등이며, 먼지, 진드기, 동물의 털, 비듬, 꽃가루, 황사 등도 있답니다. 알레르기가 무섭다고 이런 음식들을 무조건 모두 멀리하라는 것은 아니에요. 병원에서 정밀검사를 받은 뒤 알레르기 반응을 일으키는 음식만 먹지 않으면 됩니다. 영양실조에 걸릴 수도 있으니까요.

아토피는 유전되는 것으로 알려져 있으나 정확한 원인은 밝혀지지 않고 있습니다. 세균, 바이러스, 곰팡이에 감염되기도 하고 환경적 요인 등 여러 가지 복잡한 요인들 때문에 일어나는 것으로 알려져 있을 뿐이랍니다.

아토피성 피부염에 걸리면 피부가 가렵고 피가 날 정도로 긁어도 더 가렵기만 할 뿐 시원해지지는 않아요. 가려운 부위는 주로 얼굴이나 목, 팔꿈치 안쪽, 무릎 뒤쪽 등입니다.

피부를 계속 긁어 상처가 남게 되면 피부가 가죽처럼 두꺼워지고 이 상처에 세균이 감염되어 다른 피부병까지도 생길 수 있지요.

불행하게도 아토피가 완전히 낫는 치료법은 없으나 일생생활 속에서 몇 가지만 주의하면 좋아질 수도 있습니다.

■ 아토피성 피부염이 모유와 관련이 있다고요.:
일반적으로 분유보다 모유로 아기를 키우는 것이 알레르기 발생을 줄여 준답니다. 또한 모유는 영양 및 면역 형성에도 도움을 주지요. 만약 엄마가 달걀과 같이 알레르기를 일으킬 수 있는 식품을 먹는다면 아기가 아토피에 걸릴 수도 있답니다. 최근 일본의 한 대학에서는 5월에 태어난 아기보다 11월에 태어난 아기들의 아토피 발병률이 높다고 했대요.

10-피부와 촉각

여드름이 생기는 이유는?

다른 사람들에 비해 피부가 지성인 사람들에게 여드름이 생기기 쉽습니다. 피부의 모공이 열려 있어서 그 속에 있는 여드름 덩어리에 공기가 닿으면 검은 여드름이 되는데 검은 여드름의 볼록한 부분은 더러운 것이 아니에요. 검은 여드름을 쥐어 짜면 오래된 피지와 피부의 색소가 나오지요. 그 검은 부분은 저절로 떨어져 나가기도 한답니다.

여드름은 대개 호르몬 분비가 가장 왕성한 10대(청소년기)에 나타나기 시작해서 20대 초반에 이르러 서서히 사라지게 됩니다. 그러나 20대 후반이나 30대 이후에도 여드름이 계속 나는 사람이 있으며 때로는 성인이 되어서 처음으로 여드름이 나기도 하지요.

여드름이 생기는 원인은 확실하게 밝혀지지는 않지만 대개 호르몬 분비나 스트레스 등에 의하여 생기는 것으로 알려져 있습니다.

사춘기가 되면 남성 호르몬의 생산이 급증하면서 피지의 분비가 많아져 여드름이 생기게 됩니다.

남성 호르몬은 남성과 여성 모두에게 있답니다.

여드름이 생기는 부위는

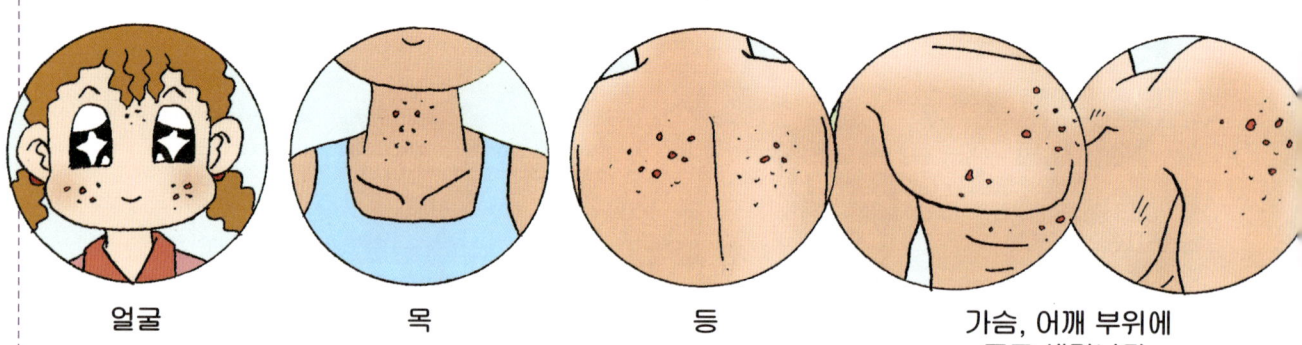

얼굴 　목 　등 　가슴, 어깨 부위에 주로 생깁니다.

↑ 주로 피지선이 많이 모여 있는 부위에 여드름이 나게 됩니다.

여드름을 치료하기 위해서는 하루에 두세 번 정도 비누 세수를 해주는 것이 좋습니다. 이것은 피부에 덮여 있는 지방을 깨끗이 씻어 기공을 열어주어야 하기 때문이랍니다.

그러나 비누 세수를 너무 많이 할 경우 피부에 자극을 줄 수 있으므로 주의하여야 한답니다. 또한 피부에 적절한 일광욕을 해주는 것이 좋습니다. 너무 오래 피부를 햇빛에 노출시키면 피부암에 걸릴 수 있으므로 적당하게 잘 조절해야 합니다.

머리를 잘 감아 주는 것도 중요합니다. 먼지와 기름기가 머리를 타고 피부에 닿으면 피부가 자극을 받기 때문이랍니다.

손으로 여드름을 짜는 일은 좋지 않아요. 그 이유는 피부에 흉터를 남길 수 있기 때문이며, 여드름이 아주 심할 경우에는 피부과 전문의를 찾아가서 상담하는 것이 좋습니다.

하루에 두세 번 정도 비누 세수를 해주어야 합니다.

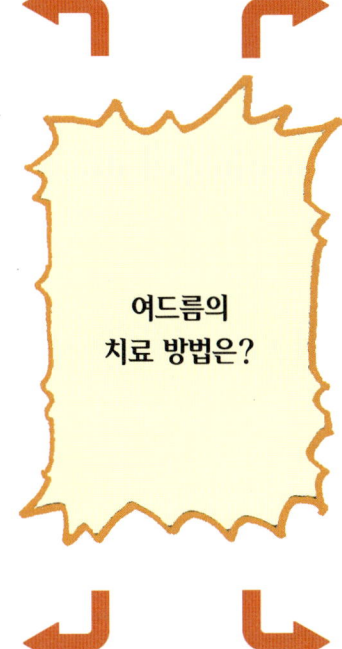

여드름의 치료 방법은?

피부에 적절한 일광욕을 해줍니다.

머리를 잘 감아줍니다.

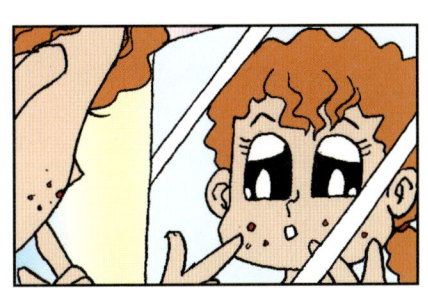

손으로 여드름을 짜지 않습니다.

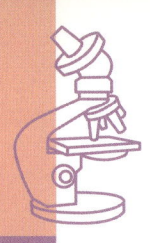

10-피부와 촉각

화상을 입으면 물집이 생긴다는데?

피부 맨 위에 있는 층은 표피로 죽은 세포층입니다. 표피 밑에는 진피층이 있습니다.

진피는 살아 있는 세포층으로 혈관, 땀샘, 모근, 새로 생긴 피부세포 등이 있습니다. 새 운동화를 신었을 때 피부가 세게 문질러져 피부 세포가 손상을 입으면 물집이 생기게 되지요.

그리고 열이나 바이러스 때문에 피의 액체 성분 즉 혈장이 흘러나와 물집이 잡히기도 합니다. 그 액체는 혈장과 몸의 조직을 채우고 있는 조직액이 섞인 것으로 때로는 적혈구가 모여들어서 붉은 물집이 생기기도 하지요. 물집 속의 액체는 표피와 진피 사이에 있으며 그 위쪽 피부는 부풀어 오르게 됩니다.

물집이 생기는 이유

▲ 화상을 입었을 때

▲ 수두에 걸렸을 때

▲ 햇빛에 탔을 때

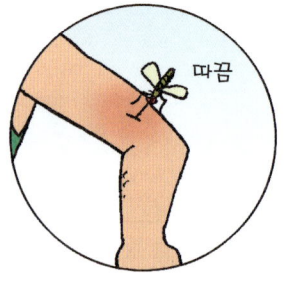
▲ 벌레에 물렸을 때

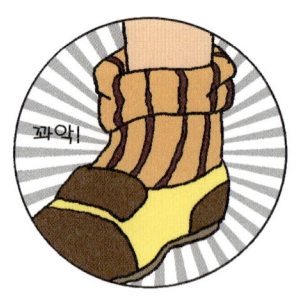
▲ 발에 꼭 끼는 신발을 신었을 때

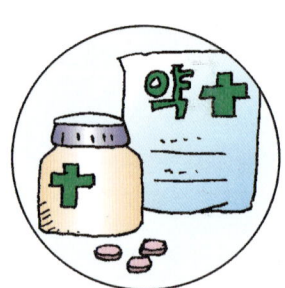
▲ 약물 등에 의하여

물집은 화상을 입었을 때만 생기는 게 아니랍니다. 크기가 다른 물집들이 여러 가지 이유 때문에 생기게 되는데 수두에 걸리면 온몸에 작은 물집이 돋아나는 것을 볼 수 있습니다.

수두 바이러스뿐만 아니라 벌레에 물렸거나 약물에 과민반응을 나타내거나 햇볕에 타는 등의 이유로 작은 물집이 생길 수도 있지요.

대부분의 물집은 가만히 놔두면 아무런 문제도 없는데 세균에 감염된 물집은 끔찍해질 수도 있답니다.

물집을 터뜨리면 어떻게 될까요? 피부에 달라붙어 있던 수백 마리의 세균이 몰려들거예요. 그렇게 되면 맑은 액체로 차있던 작은 물집이 녹색을 띤 누런 고름으로 변해 버리는데 고름이란 단어는 어쩐지 썩 내키지 않는군요. 고름이 가득 찬 물집은 큰 문제가 될 수도 있으므로 병원에 가서 꼭 치료를 받아야만 한답니다.

- 물집은 고름이 될 수도 있습니다. -

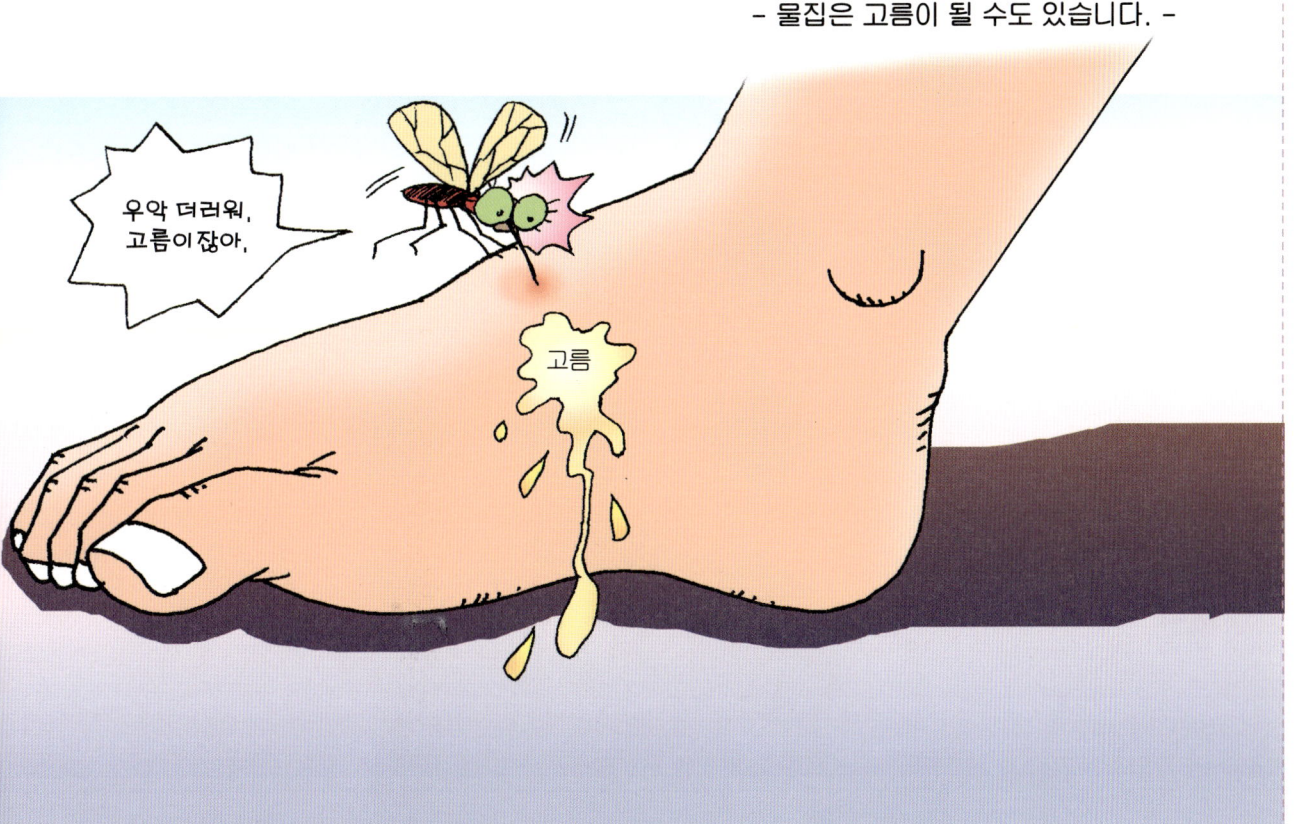

- 고름 : 맑지 않고 혼탁하며 끈적끈적한 점액질로 농청과 농구로 나뉜답니다.
- 수두 : 모든 연령층에서 볼 수 있지만, 특히 2~10세 어린이에게 많으며 한 번 앓고 나면 평생 면역을 갖게 됩니다. 14일 정도 몸 속에 숨어 있다가 열이 나면서 불긋불긋한 것이 피부에 돋으면서 물집이 생기게 되는 것이랍니다.

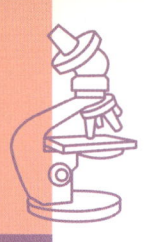

10-피부와 촉각

물사마귀란 무엇인가?

사마귀는 다 똑같아 보이지만 여러 종류가 있습니다. 콩알 만한 거친 살점이 도드라져 올라온 것은 '심상성 사마귀'라고 하고 암갈색의 작은 물집이 얼굴이나 팔에 생기는 것이 '물사마귀', 손톱이나 발톱 주위에 생기는 것을 '조감주위 사마귀'라고 하지요.

물사마귀 안에는 물이 들어 있지 않아요. 눈가에 좁쌀 같이 덩어리가 생긴 것을 물사마귀라고 합니다. 피부에 있는 땀샘관이 굵어져서 생긴 작은 멍울들로 시간이 지나면 많아지고 크기도 커지면서 서로 뭉쳐서 커다란 덩어리가 되기도 합니다. 가끔 사마귀한테 물려서 사마귀가 생겼다고 말을 하는데 이는 사실과 다르답니다. 곤충인 사마귀와 몸에 난 사마귀는 아무 관계가 없습니다.

어머 웬 사마귀야, 네가 나한테 옮겼지?

"요걸 그냥!"

곤충 사마귀

오~노~ 우린 그 사마귀완 아무런 상관이 없어요~

곤충인 사마귀와 몸에 난 사마귀는 아무 관련이 없답니다.

몸에 난 사마귀는 바이러스에 의하여 전염되며 사마귀가 있는 사람과 접촉하면 전염이 되지요. 주로 12~16세 사이의 아이들에게 많다고 합니다.

간지럽다고 물사마귀를 자꾸 긁어서 터지게 되면 주위의 피부에까지 옮겨 가기 쉬우므로 되도록이면 긁지 않도록 하는 것이 좋습니다. 참기 힘들만큼 가려우면 손톱으로 물사마귀를 짜낸 뒤 비누로 손을 깨끗이 씻으면 됩니다. 민간요법으로는 살구 씨나 율무를 갈아 갠 뒤 사마귀에 붙이면 효과를 볼 수 있습니다.

또한 자기 암시 요법이라는 게 있는데 내년 봄에는 틀림없이 없어질거야 라고 마음 속으로 자꾸 생각하면 사마귀는 감쪽같이 사라질 거예요. 거짓말 같지만 사실입니다. 사마귀는 언제 없어졌는지 모르게 없어질 거예요.

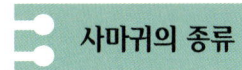
사마귀의 종류

콩알 만한 거친 살점이 도드라져 올라옴.
심상성 사마귀

암갈색의 작은 물집이 얼굴이나 팔에 생김.
물사마귀

손톱이나 발톱 주위에 생김.
조갑주위 사마귀

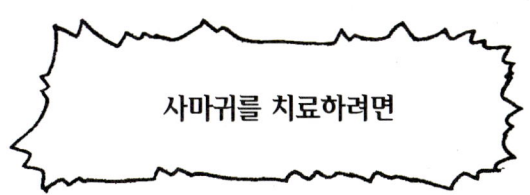
사마귀를 치료하려면

- 물사마귀는 간지러우므로 긁으면 터지게 됩니다. 긁지 말아야 합니다.
- 손톱으로 사마귀를 짜고난 뒤 비누로 손을 깨끗이 씻어야 합니다.
- 살구 씨나 율무를 갈아 갠 뒤 사마귀에 붙여둡니다.
- 사마귀는 주로 12~16세 아이들에게 많습니다.
- 자기 암시 요법으로 내년 봄에는 꼭 사마귀가 없어질 거야라고 마음을 먹습니다.

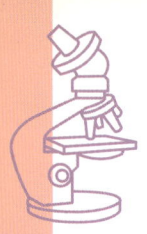

10-피부와 촉각

닭살이 돋는다는 게 무슨 말이지?

우리가 춥다고 느꼈을 때 자율신경의 작용으로 털의 밑에 있는 입모근이라고 하는 작은 근육이 열을 빼앗기지 않으려고 수축해 피부를 긴장시킵니다. 이때의 수축으로 입모근과 연결된 털이 당겨지는데 이처럼 입모근이 수축하여 털이 곤두서서 피부가 부풀어 올라 우툴두툴하게 된 상태를 바로 닭살이 돋았다고 합니다.

추운 겨울날에 옷을 갈아입을 때나 여름에 에어컨을 많이 트는 곳에 들어가면 닭살이 돋는 경우가 있는데 추위로부터 몸을 보호하기 위한 방어수단이랍니다.

몸 속에서는 언제나 열에너지를 만들고 혈관에서 피부를 통하여 열을 몸 밖으로 내보내는 것으로 체온조절을 합니다. 닭살은 춥다고 느낄 때 체온을 빼앗기지 않으려고 모공과 땀구멍을 닫았을 때를 말합니다.

닭살이란 '모공각화증'으로 하는데 어릴 때부터 닭살인 경우도 많지요. 어떤 사람은 닭고기를 너무 많이 먹어서 닭살이 생기는 게 아니냐고 하는데 그것은 사실이 아닙니다.

닭살은 유전적인 영향을 받아 생깁니다. 이 경우 사춘기가 되면 닭살이 더욱 심해지게 됩니다. 하지만 염려하지 마세요. 어른이 되면 차츰 사라지니까요.

우리나라 사람 중에서도 절반 정도가 이런 증상이 있다고 하지만 건강에는 별다른 영향이 없으므로 안심하셔도 좋답니다.

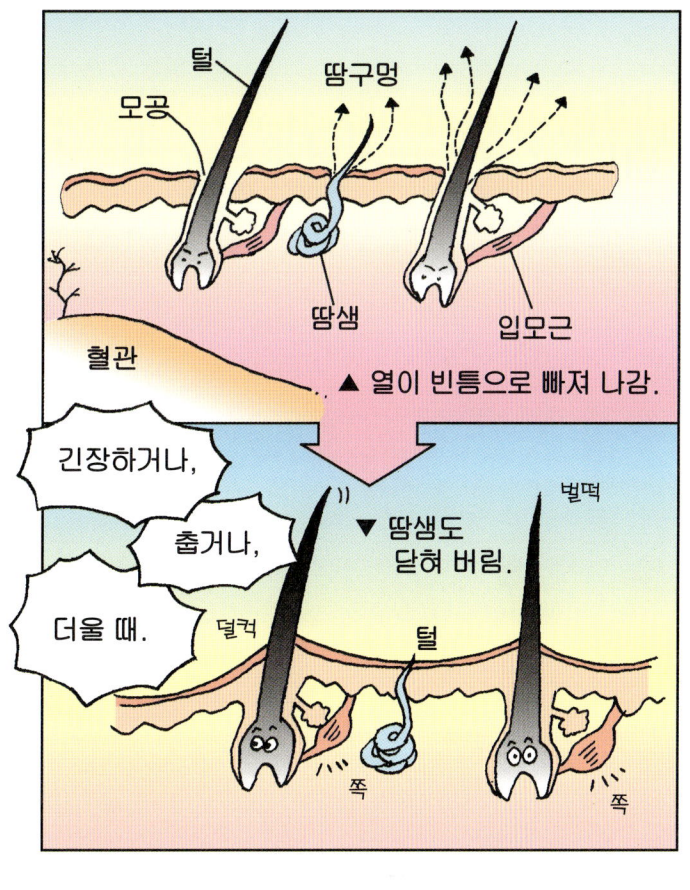

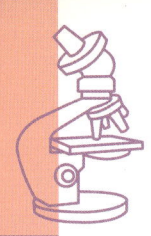

10-피부와 촉각

상처에 소독약을 바르면 왜 거품이 나는 걸까?

어린이들은 툭하면 넘어져서 무릎이 벗겨지고 벌레에 물리고 그야말로 성할 날이 없지요. 어린이를 키우는 집에는 보통 소독약 한두 개쯤은 꼭 있을 거예요. 예전의 소독약은 빨간 약이라고 해서 바르면 상처 부위가 빨갛게 되는 약이 전부였습니다. 하지만 지금은 소독약의 종류도 많고 그 쓰임새도 매우 다양하답니다.

소독약 중에서 가장 많이 쓰이는 것은 포비돈 요오드와 과산화수소수, 알코올, 항생제 연고 등입니다. 포비돈 요오드는 가정에서 많이 쓰이는 소독약으로 갈색이면서 요오드가 주성분입니다. 과산화수소수는 상처에 바르면 거품이 납니다.

거품이 생기는 이유는 산소가 나오면서 소독작용을 하기 때문이며, 약병의 뚜껑을 열어 놓으면 약의 효과가 없어지고 거품이 나오지 않으면 더 이상 발라도 소용이 없답니다. 알코올은 투명한 액체 상태로 상처에 바르면 매우 따끔거린답니다.

생제 연고는 상처에 발라서 균을 죽이는데 진물이 흐르는 상처에 항생제 연고를 많이 바르게 되면 오히려 상처가 잘 낫지 않을 수도 있습니다.

넘어져서 살갗에 상처가 났을 때는 먼저 흐르는 물이나 식염수로 상처 부위를 깨끗이 씻어내고 흙이나 이물질들을 조심해서 씻어줘야 합니다. 깨끗한 솜이나 거즈로 상처 부위의 물기를 닦아주고 소독약으로 소독해야 합니다. 그리고 상처가 빨리 낫게 하려면 항생제 연고를 발라주고, 일회용 반창고나 거즈로 상처를 덮어 세균에 감염되는 것을 막아 주면 됩니다.

넘어져서 살갗에 상처가 났을 때

- 흐르는 물이나 식염수로 상처 부위를 깨끗이 씻어냅니다.
- 소독약으로 상처를 소독합니다.
- 깨끗한 솜이나 거즈로 상처 부위의 물기를 닦아냅니다.
- 상처가 빨리 낫게 하기 위하여 항생제 연고를 발라줍니다.
- 일회용 반창고나 거즈로 상처를 덮어 세균에 감염되는 것을 막습니다.

11-머리카락, 털

머리카락은 왜 빠지는 걸까?

머리카락의 색은 털에 포함된 멜라닌 색소의 양에 따라 결정되는데 멜라닌은 모근의 근원에 있는 '모구부'에서 만들어지며 멜라닌이 많으면 검은 머리가 되고, 적으면 갈색 머리가 되지요.
나이를 먹으면 멜라닌 색소를 만드는 능력이 저하되어 흰머리가 됩니다.

머리카락의 성장이 멈추고 모근기의 세포가 죽으면 오래된 **머리카락**이 빠지게 됩니다. 보통 하루에 약 50~100가닥의 머리카락이 빠지는데 걱정은 하지 않아도 됩니다.

오래된 머리카락이 빠지면 모근기에서 새로운 세포분열이 일어나 새 머리카락이 자라게 되니까요.

털의 수명

머리카락은 3~5년 자라다가 빠집니다.

눈썹은 3~5개월 자랍니다.

머리카락이 빠지게 되는 모습

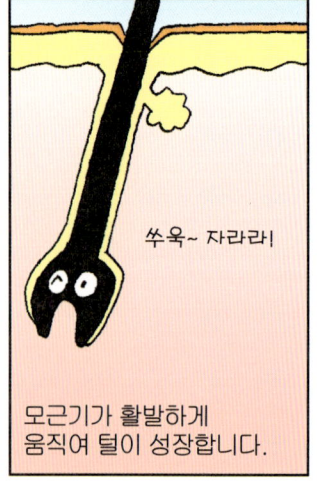

모근기가 활발하게 움직여 털이 성장합니다.

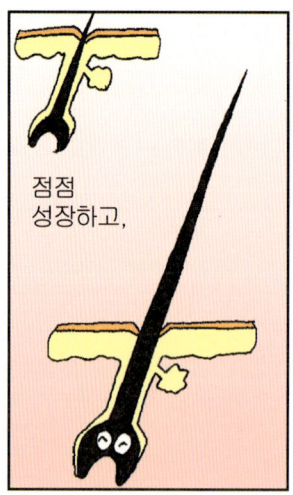

점점 성장하고,

털이 성장을 멈추면 빠지기 시작합니다.

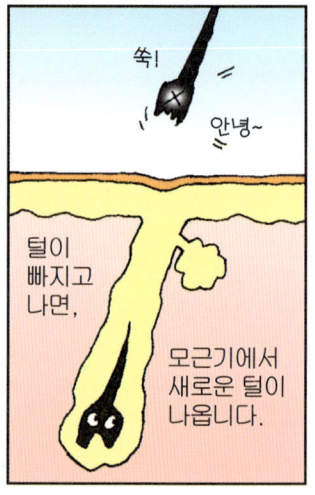

털이 빠지고 나면, 모근기에서 새로운 털이 나옵니다.

■ 머리카락은 매일 50~70개 정도가 빠집니다. 다른 털보다 길고 두꺼우며 매달 약 1㎝씩 자란답니다.

머리카락을 자르면 빨리 자란다는 말이 있지만, 머리카락의 성장은 진피 안에서 일어나기 때문에 피부 밖으로 나온 머리카락을 잘라도 아무 영향이 없습니다.

하루 중 머리카락이 가장 잘 자라는 시간대는 오전 10시에서 11시, 오후 4시에서 6시쯤인데 밤중에는 거의 자라지 않아요.

머리카락은 뇌를 보호해주며 추위나 강한 햇빛으로부터 머리의 피부를 보호하거나 딱딱한 물건에 맞았을 때 충격을 약하게 해주는 완충제 역할을 해줍니다.

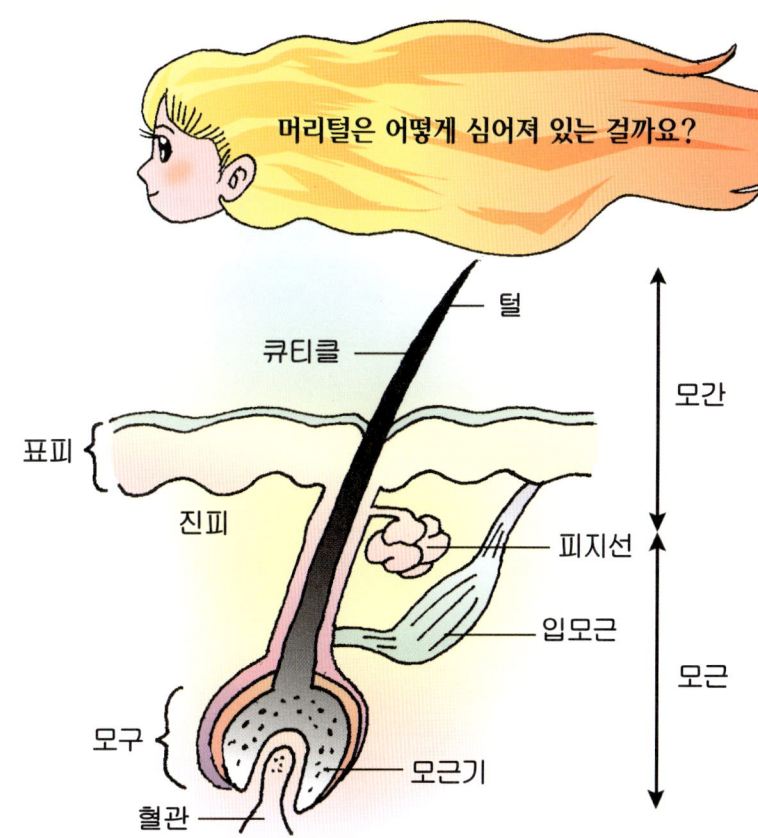

머리털은 어떻게 심어져 있는 걸까요?

큐티클
표면은 비늘과 같은 상태로 털 내부의 영양을 보호하며 더러워지는 것을 방지하기 때문에 손상되면 빨리 조치를 취해야 합니다.

피지선
기름기가 있는 액체를 분비해서 털과 피부를 촉촉하게 하고 물에 잘 젖지 않도록 해주어야 합니다.

입모근
추워지면 수축하므로 털을 세우고 모공을 막아 체온을 유지한답니다.

혈관
털에 영양을 공급하지요.

11 - 머리카락, 털

비듬을 오래 두면 피부병이 된다는데?

회사에 출근한 아빠의 양복 위에 하얀 비듬이 우수수 떨어져 있다면 그날은 스타일을 구기겠지요. 이 얄미운 비듬은 몸에서 날마다 100억 개나 떨어져 나옵니다. 비듬은 죽은 피부의 세포들이랍니다.

낡은 세포가 벗겨져 나가면 새로운 세포가 그 자리를 차지하는데 머리도 피부로 덮여 있으므로 날마다 죽은 피부가 벗겨져 나오는 거예요. 그런데 왜 하필 머리에서만 비듬이 생기는 걸까요?

범인은 바로 머리카락입니다. 죽은 세포가 머리카락 사이에 갇혀 있다가 머리의 피지선에서 나온 기름을 만나 끈적끈적해지는데 여기에 먼지가 달라붙어서 비듬이 되는 거예요.

비듬은 아주 자연스러운 것이지만 스트레스 때문에 심해지기도 한답니다. 비듬 중엔 건조한 것과 끈적끈적한 것이 있는데 끈적이는 비듬은 머리의 털구멍을 막아버려서 머리카락이 숨을 못 쉬거나 잘 빠질 수도 있습니다.

비듬은 매일 100억 개씩 떨어져 나온답니다.

내 머리 이뻐?

왈왈~

이크 갑자기 하늘에서 웬 눈이 내리냐.

비듬이 너무 많아지거나 오래 두면 피부병이 될 수도 있어요. 그래서 비듬은 머리 피부에 살고 있는 비듬균의 양이나 활동에 따라서 그 정도가 달라질 수 있는데

요즘에는 비듬균의 활동을 억제하는 방법을 많이 사용하지만, 비듬을 완전히 없앨 수는 없어요. 10대에는 피지선의 활동이 활발해져 여드름이나 비듬 등이 잘 생기므로 항상 몸을 깨끗이 씻고 머리를 자주 감아서 청결하게 해줘야 하고 스트레스를 받지 않도록 주의해야 한답니다. 하지만 비듬 때문에 대머리가 되는 건 아니니 안심하세요.

10대 때에는 여드름이나 비듬 등이 많아집니다.

- 먼지가 달라붙어 비듬이 됩니다.
- 오래 두면 피부병이 될 수도 있어요.
- 머리를 자주 감아줍니다.
- 비듬 때문에 대머리가 되는 건 아니예요.
- 머리의 털구멍을 막아 머리카락이 숨을 못 쉬므로 머리가 잘 빠지기도 합니다.
- 항상 몸을 깨끗이 씻고 청결하게 합니다.
- 특히 스트레스를 받지 않도록 주의해야 합니다.

■ 머리카락 상식 : 왜 생머리와 곱슬머리가 있는걸까요. 머리카락은 모낭이라는 작은 주머니에서 생기는데 바로 이 주머니의 모양이 생머리인지 곱슬머리인지를 결정짓습니다. 주머니 모양이 동그랗고 안이 깊으면 생머리이고, 납작하고 퍼져 있다면 곱슬머리가 됩니다.

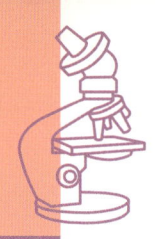

사람의 손가락 길이는 왜 모두 다를까?

사람의 손가락과 발가락은 다섯 개씩입니다. 그런데 다섯 손가락의 길이가 모두 다른 이유는 각각 하는 일이 다르기 때문이랍니다

사람은 손을 사용하기 때문에 여러 가지 물건들을 발명할 수 있었지요. 그러나 다섯 손가락의 길이나 방향이 다르지 않았더라면 불가능한 일이었을 거예요.

예를 들어 엄지가 다른 손가락들과 같은 방향이었다면 물건을 붙잡거나 쥐는 능력은 제한을 받게 되겠지요. 연필 정도야 잡을 수 있을지는 모르지만 제대로 글씨는 쓸 수는 없을 테니 말이에요.

섬세한 수작업은 바로 뇌의 발달과 연관되는 것입니다. 그래서 인류의 역사 속에서 손의 존재는 실로 큰 구실을 했다고 볼 수 있답니다.

손이 자유자재로 움직일 수 있습니다.

무슨 일이든지 할 수 있으며 무엇이든지 만들어낼 수 있습니다.

저 엄지 손가락은 두 다리로 걷기 시작한 인간이 물체를 자주 잡아야 하므로 특히 튼튼하고 굵게 발달하게 되었지요. 엄지 손가락은 집게 손가락부터 새끼 손가락까지 모든 손가락과 맞붙을 수 있어서 물건을 집어 올릴 때 꼭 필요하답니다.

집게 손가락은 어떤 물건을 가리킬 때 많이 쓰이며 가장 긴 손가락인 가운데 손가락은 엄지와 검지, 약지와 새끼 손가락 사이에서 균형을 맞추려면 가운데 손가락이 가장 길어야 한다는 이론이 있지요. 약지는 반지를 끼거나 약을 저을 때 주로 쓰고, 왼손 약지는 우리의 심장과 가장 가깝게 연결되어 있다고 믿고 신성시해서 결혼반지를 끼는 손가락이 되었다는 유래도 있습니다. 마지막으로 새끼 손가락은 우리가 서로 약속을 다짐할 때도 쓰이지요.

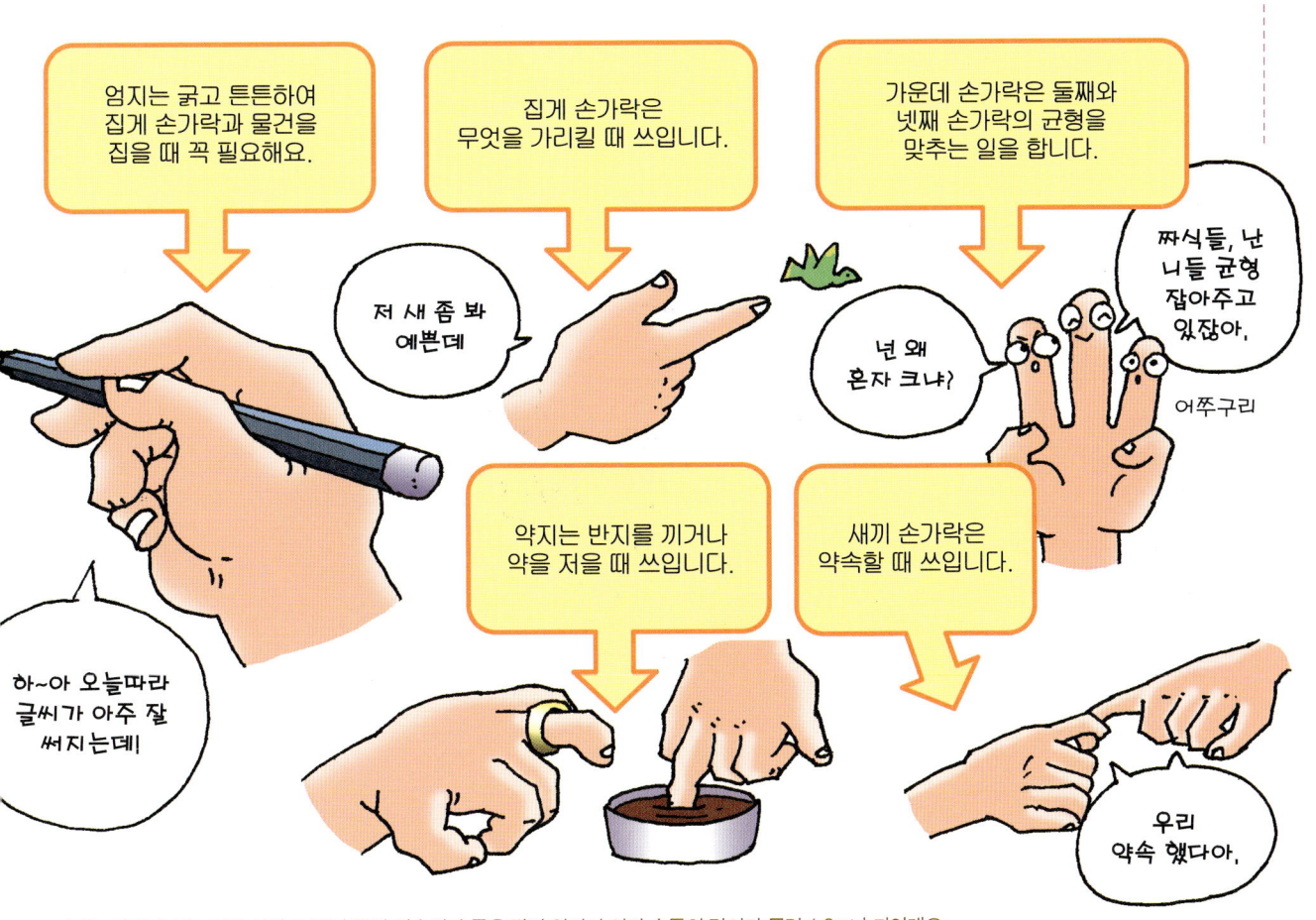

■ 손톱 : 인도에 사는 어떤 사람은 20년 동안 왼손의 손톱을 깎지 않아서 엄지 손톱의 길이가 무려 1.2m나 되었대요.

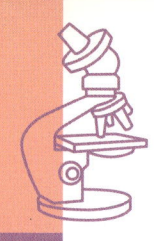

12 - 손과 다리

오른손잡이가 더 많은 이유는?

사람의 뇌 중에 왼쪽에 있는 뇌는 몸의 오른쪽을 지배하고 오른쪽에 있는 뇌는 왼쪽을 지배하는데 대부분의 사람들은 왼쪽 뇌가 더 발달되어 있으며 오른손잡이가 더 많은 이유가 여기에 있답니다.

이렇게 왼쪽 뇌와 오른쪽 뇌가 하는 일은 각각 다르나 절묘하게 서로 협력하지요.

왼쪽 뇌는 언어활동을 조정하며 문자나 숫자를 읽고 문장을 쓰는 일을 맡고 있는데 복합적인 정보를 차근차근 체계화하는 것도 왼쪽 뇌입니다. 그래서 왼쪽 뇌를 '언어 뇌'라고도 한답니다.

오른쪽 뇌는 정서적인 일을 하는데 그림이나 음악을 감상하고 사물의 전체적인 모습을 파악합니다. 오른쪽 뇌는 왼쪽 뇌가 하는 역할 중 언어적 내용이 담겨 있지 않은 모든 정보를 처리하게 됩니다.

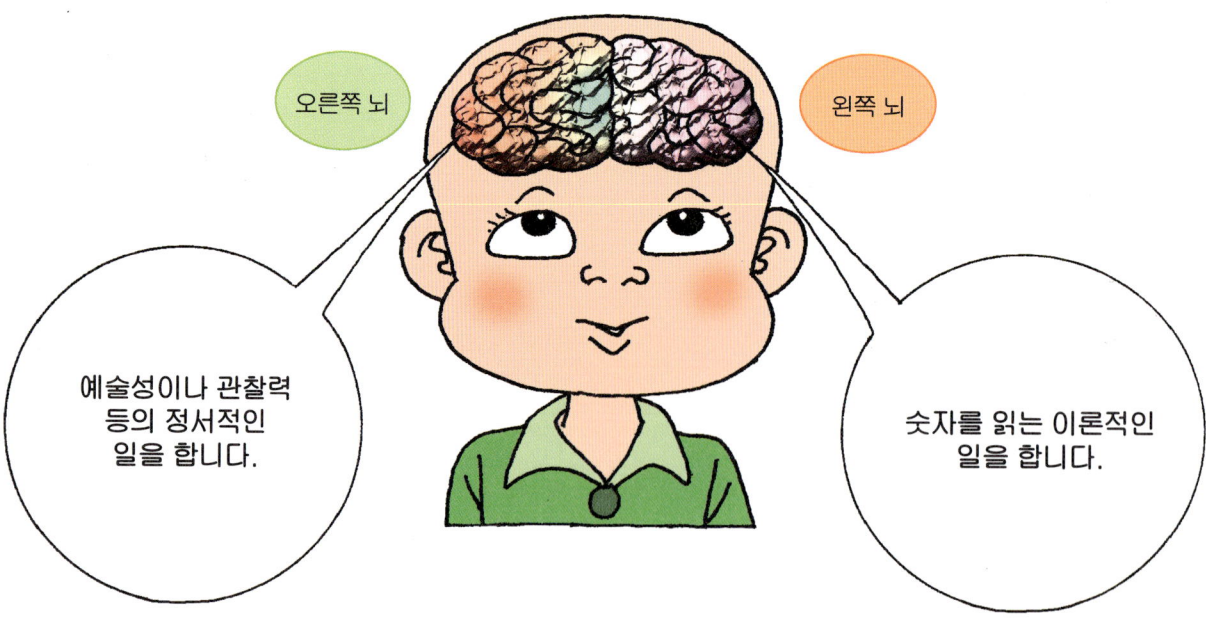

왼쪽 뇌와 오른쪽 뇌가 하는 일을 보면

오른쪽 뇌 — 예술성이나 관찰력 등의 정서적인 일을 합니다.

왼쪽 뇌 — 숫자를 읽는 이론적인 일을 합니다.

■ 왼손잡이에는 천재가 많다? : 아리스토텔레스, 알렉산더 대왕, 레오나르도 다빈치, 모짜르트, 나폴레옹, 처칠, 빌 게이츠, 클린턴 미국 대통령 등 역사적으로 유면한 위인들이 왼손잡이였대요. 양손을 사용하면 더욱 머리가 좋아질 거예요.

1950년대 후반과 1960년대 초 정신 생물학자인 로저스 페리는 왼쪽 뇌와 오른쪽 뇌가 서로 다른 역할을 한다는 것을 처음으로 밝혀냈습니다. 그는 이 연구로 1981년 노벨 의학상을 받게 됐습니다.

우리나라 사람의 경우 왼손잡이는 성인 남성의 경우 약 5%이며 여성인 경우에는 약 3%에 불과합니다. 왼손잡이가 오른손잡이보다 우수하다는 증거는 없으나 왼손잡이가 왼손을 더 많이 쓰게 되면 자연히 오른쪽 뇌가 더 자극을 받게 되지요.

오른손잡이보다 왼손잡이는 오른쪽 뇌를 더 많이 쓰기 때문에 유리한 것은 사실이랍니다.

12 - 손과 다리

나도 모르게 왜 다리를 떨고 있는 걸까?

우리는 가끔 자신도 모르게 눈을 자주 깜박거리거나 얼굴 한쪽을 찡그리고 헛기침을 하거나 다리를 떠는 나쁜 습관을 가진 어린이들을 보는 수 있을 거예요.
좋지 못한 습관이 있는 사람들은 다른 사람들에게 좋은 인상을 보여주지 못할 수도 있기 때문에 나쁜 습관을 고치려고 노력하지만 쉽게 고쳐지지 않아요.

이런 질환을 틱 장애라고 합니다. 틱 장애는 우리나라 어린이들 가운데 5~10%가 앓고 있는 흔한 질환이랍니다. 그런데 남자 어린이가 여자 어린이보다 3배나 더 많대요.

틱 장애를 그저 나쁜 버릇이나 습관이라고 가볍게 생각하기 쉽지만, 이 질환을 치료하지 않는다면 주의력은 물론이고 집중력이나 학습능력까지 떨어질 수 있습니다. 또 충동적으로 행동하기 쉽고 모든 일에 불안해하거나 심하면 우울증도 생길 수 있답니다.

틱장애는 왜 생기는 것일까?

아직 정확한 원인은 밝혀지지 않고 있어요.
다만 유전적인 영향이 있거나 스트레스가
많이 쌓일 때 이런 증상이 나타날 수 있답니다.

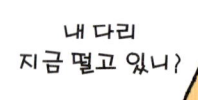

내 다리
지금 떨고 있니?

틱 장애는 자신도 모르게 몸의 근육이 갑자기 움직이거나 기침 등 이상한 소리를 내는 증상을 말합니다.

눈을 깜박이거나 고개를 이유없이 끄덕이는 현상을 보이기도 하고 혀를 자주 내밀기도 하면서 입술을 깨물거나 핥기도 한답니다.

틱 장애가 심해지면 어깨를 으쓱거리면서 코를 벌렁거리거나 머리를 자꾸만 쓰다듬기도 하지요. 얼굴이나 머리에서 시작된 이런 버릇이 나중에는 점점 아래쪽으로 내려가 다리와 발에도 경련을 일어나게 됩니다.

이렇게 몸에 경련이 일어나는 것을 '운동성 틱'이라고 하는데 3~4년이 지나면 '음성 틱'이 되는 거랍니다.

음성 틱은 가래침을 뱉는 시늉을 하거나 기침, 쿵쿵거리는 소리, 뭔가를 빠는 소리 또는 '옳아', '그만해' 등의 단어들을 계속해서 내뱉는 증상을 보입니다.

음성틱이 되면은?

가래침을 뱉는 시늉을 하거나

기침이나 쿵쿵거리는 소리

뭔가를 빠는 소리

'옳아', '그만해' 라는 등의 단어 등을 내뱉습니다.

■ 우울증 : 우울한 기분에 빠져 의욕을 상실한 채 무능하고, 허무함, 죄책감 등을 느끼는 일종의 정신 질환입니다.

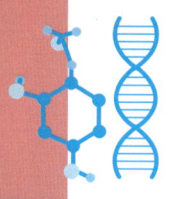

13 - 세포와 DNA

우리 몸의 가장 작은 물질이 세포라는데?

몸은 많은 세포로 되어 있는데 우리 몸을 이루는 이 세포는 아무렇게 모여 있는 것이 아닙니다. 질서정연하게 연결되어 있으며 서로 이웃하고 있는 세포와 세포 사이는 세포간 물질로 가득 차 있습니다.

우리 몸을 이루고 있는 물질의 가장 작은 단위는 세포입니다. 생물의 몸은 모두 이 세포로 이루어져 있는데, 세포의 크기는 보통 10~30미크론(1미크론은 1,000분의 1mm)이므로 현미경이 아니면 찾아볼 수 없답니다.

하나하나의 세포는 **원형질**이라고 하는 끈적끈적한 물질로 되어 있는데 그 속에는 **핵**이라는 공 모양의 덩어리가 있습니다. 이 핵은 세포가 살아가는 데 없어서는 안 될 매우 중요한 것이지요.

그리고 대부분의 세포에는 핵이 하나밖에 없지만 2개 이상을 가지고 있습니다. 세포는 둥근 것, 육각형, 다각형, 원뿔꼴, 원기둥꼴, 별과 같은 모양 등 여러 가지가 있습니다.

세포에는 여러 가지 종류가 있는데 그것들은 각각 다른 모양과 성질을 가지고 있습니다. 각기 다른 모양과 성질을 가지고 있는 세포 중에서 서로 같은 세포끼리 모인 것을 조직이라고 하고 이 조직은 대개 4가지로 나눌 수 있습니다.

첫 번째, 상피 조직은 살갗과 같이 몸의 표면을 보호하는 역할을 하거나 창자의 안쪽 세포와 같이 영양분을 흡수하거나 소화액을 분비하는데 이와 같은 세포를 '상피세포'라고 합니다. 상피세포에는 세포간 물질이 거의 없고 세포끼리 빽빽하게 밀착되어 있는 것이 특징입니다.

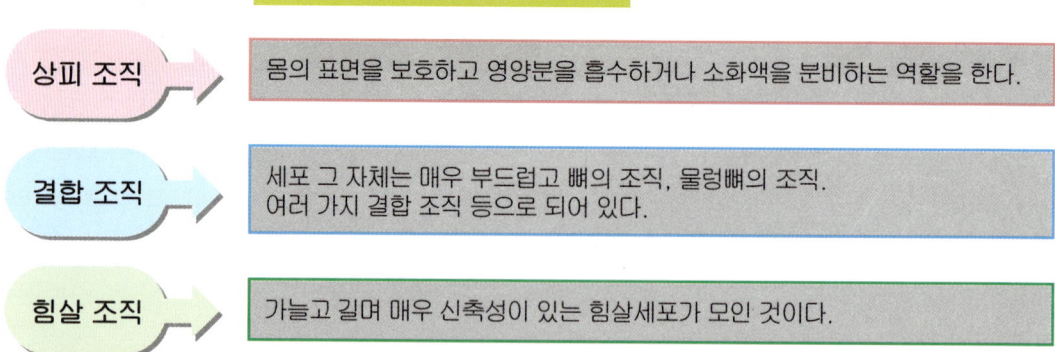

세포의 종류 4가지를 보면

상피 조직	몸의 표면을 보호하고 영양분을 흡수하거나 소화액을 분비하는 역할을 한다.
결합 조직	세포 그 자체는 매우 부드럽고 뼈의 조직, 물렁뼈의 조직, 여러 가지 결합 조직 등으로 되어 있다.
힘살 조직	가늘고 길며 매우 신축성이 있는 힘살세포가 모인 것이다.
신경 조직	몸의 어느 부분에서 받은 자극을 다른 부분으로 전달하는 역할을 하는 신경세포이다.

세포의 모양을 살펴보면

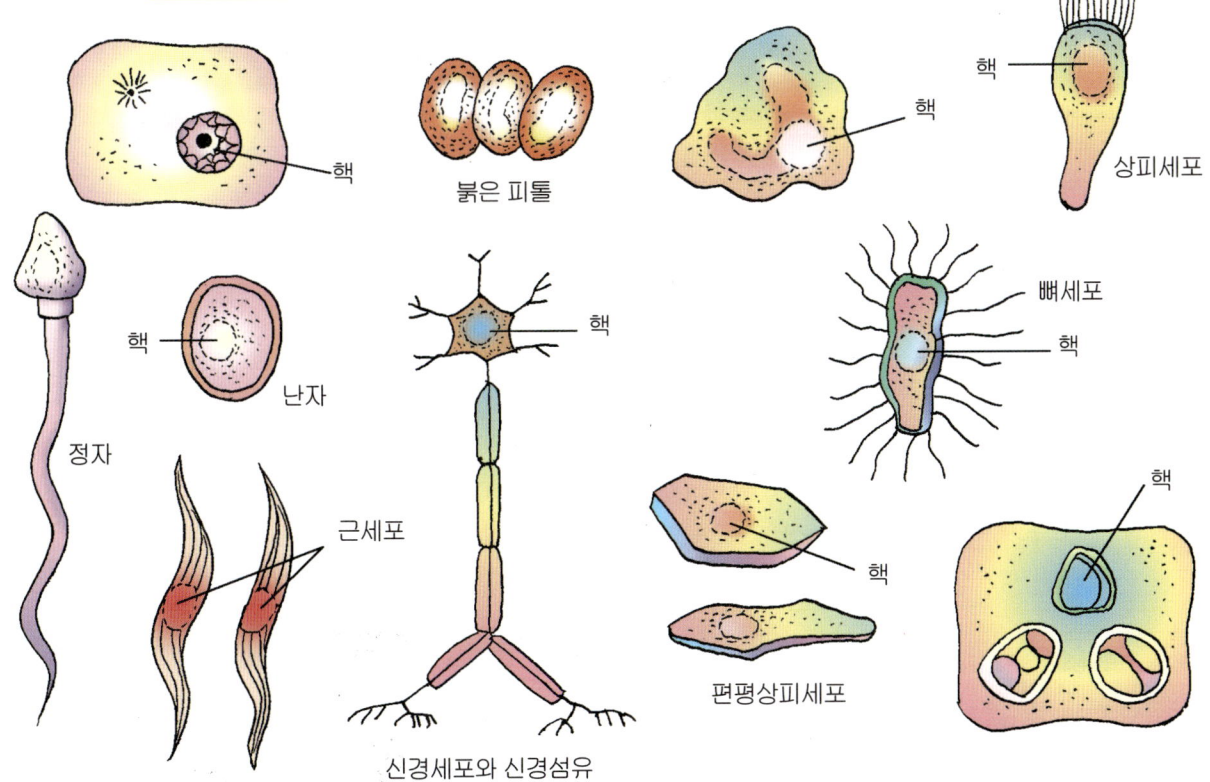

　번째, 결합 조직은 몸을 지탱하는 역할을 하는 조직을 말하며, 뼈는 여러 가지 결합조직 등으로 이루어져 있지요. 이 조직은 특히 세포간 물질이 많은 것이 특징인데 뼈의 조직이 딱딱한 것은 세포간 물질 속에 칼슘분 따위가 들어 있기 때문이며, 세포 그 자체는 매우 부드럽습니다.

　세 번째는 힘살 조직인데 가늘고 길며 매우 신축성이 있는 힘살세포가 모인 것이지요. 뼈와 함께 몸을 움직이는 역할을 하는 가로무늬근과 창자와 핏줄 따위를 이루고 있는 민무늬근, 염통을 이루고 있는 염통근 등 3종류가 있습니다.

　네 번째 신경 조직은 몸의 어느 부분에서 받은 자극을 다른 부분으로 전달하는 역할을 하는 신경세포와 거기에서 갈라진 신경섬유로 되어 있습니다. 가령 눈에 비친 빛의 자극을 큰골에 전달해 비로소 물체가 보인다는 것을 느끼게 하거나 큰골로부터의 명령을 힘살에 전달해 운동하게 하는 것이 바로 이 신경 조직이 하는 일이랍니다.

■ 원형질 : 생물체의 세포를 이루는 기초 물질.
■ 핵 : 세포 하나에 하나씩 있어 세포의 증식과 유전에 큰 구실을 함.

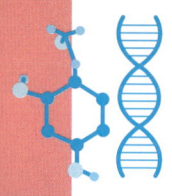

13- 세포와 DNA

핵속의 'DNA'는 어떤 일을 할까요?

세포에 있는 핵에는 23쌍, 즉 46개의 염색체가 들어 있습니다. 이 염색체 안에는 DNA가 있는데 유전과 관계있는 유전자가 들어 있는 곳이랍니다. 긴 끈 모양을 하고 하나의 세포에 들어 있는 유전자 암호를 글로 풀어낸다면 약 1만km가 넘는 많은 정보를 담고 있지요.

우리 몸의 세포에는 둥근 점처럼 생긴 핵이 있는데 세포가 활동하거나 살아가는 데 가장 중요한 역할을 합니다. 핵의 가장 중요한 역할은 DNA란 물질을 통해 이루어지며 머리카락이 빨간 사람, 곱슬머리인 사람, 코가 큰 사람, 눈이 찢어진 사람 등등 세상에는 같은 사람이 하나도 없어요. 그 이유는 엄마와 아빠의 특성을 나누어 받기 때문인데 이때 부모의 특성이 DNA를 통해 자식에게 전달됩니다.

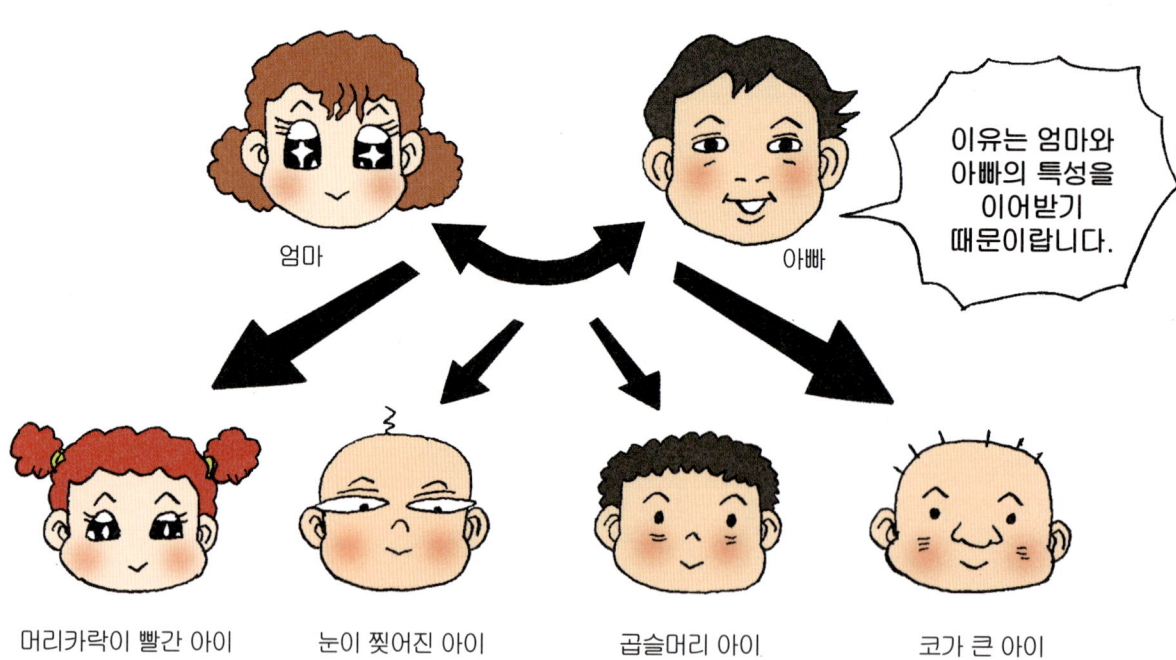

부모의 특성이 DNA를 통해 자식에게 전달되면

엄마 / 아빠

이유는 엄마와 아빠의 특성을 이어받기 때문이랍니다.

머리카락이 빨간 아이 / 눈이 찢어진 아이 / 곱슬머리 아이 / 코가 큰 아이

- 각각 다른 아이가 태어납니다. -

세포의 구조를 보면

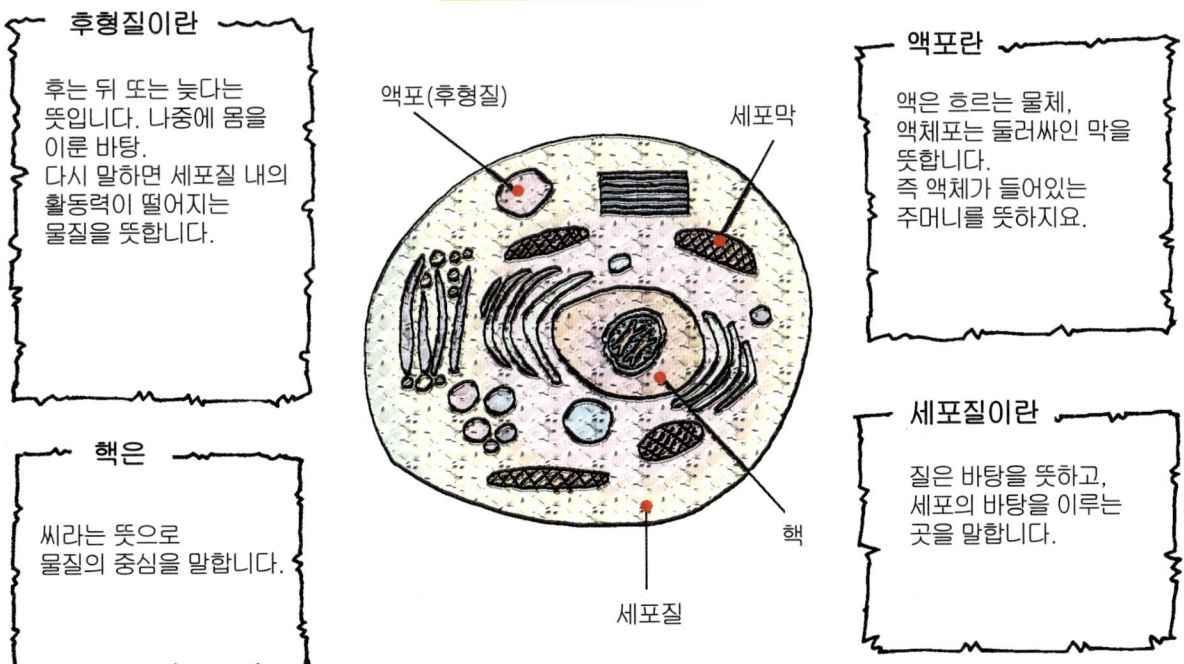

후형질이란
후는 뒤 또는 늦다는 뜻입니다. 나중에 몸을 이룬 바탕.
다시 말하면 세포질 내의 활동력이 떨어지는 물질을 뜻합니다.

핵은
씨라는 뜻으로 물질의 중심을 말합니다.

액포란
액은 흐르는 물체, 액체포는 둘러싸인 막을 뜻합니다.
즉 액체가 들어있는 주머니를 뜻하지요.

세포질이란
질은 바탕을 뜻하고, 세포의 바탕을 이루는 곳을 말합니다.

핵에 들어 있는 DNA는 우리 몸의 생명활동을 지시하고 세포가 속해 있는 조직과 기관에 맞는 활동이 정해져 있으므로 숨을 쉬고, 음식을 먹는 일은 부모로부터 전달된 DNA 때문에 가능하답니다.

그리고 핵 외의 부분은 세포질이라고 합니다. 이 세포질은 핵이 하는 일을 도우면서 영양분을 제공하거나 다 쓰고 남은 이산화탄소 같은 물질을 혈액에 전달하는 일도 합니다. 세포를 둘러싼 것은 세포막이라고 하는데 세포막을 통해 물질이 들어오고 나가는 것이지요. 그래서 인간 **게놈** 프로젝트의 목적은 DNA에 들어 있는 30억 쌍의 **유전자** 위치와 염기 서열을 밝혀내는 것이라고 합니다. 그렇게 되면 특정한 질병을 일으키는 유전자가 어떤 것인지 알 수 있고, 그 정보를 이용해 치료를 할 수도 있다는 거에요. 또한 세포는 세포를 구성하는 본래의 것과 세포가 활동하면서 만들어낸 물질로 나누어지는데 앞의 것을 원형질, 뒤의 것을 후형질이라고 합니다. 영양분을 쓰고 남으면 후형질이 되며, 액포는 세포 내에 생긴 물이나 노폐물을 내보내는 후형질의 하나를 말합니다.

- 게놈 : 생물의 생존에 필요한 최소한의 염색체.
- 유전자 : 자손에게 물려줄 형질을 지배하는 기본 인자.

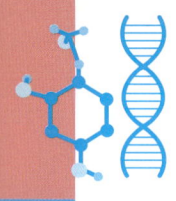

14 - 뼈와 근육

할머니가 되면 왜 키가 줄어드는 거야?

노화 현상에서 쉽게 볼 수 있는 병 중 하나가 골다공증인데 이것이 바로 노인들의 키를 줄어들게 하는 가장 큰 이유가 되고 있지요. 노화가 시작되면 마음이나 몸에 여러 가지 변화가 생기게 됩니다. 골다공증은 일상생활에서 충격을 조금만 받아도 뼈가 부서지거나 부러질 정도로 약해지는 병이지요.

골다공증은 등뼈에 생기기 쉬워요.

그런데 나이를 먹으면 모두 허리가 휘는 것일까요? 대답은 '그렇지 않는다'이에요. 물론 예방할 수도 있습니다. 최근에는 **칼슘** 섭취가 부족한 젊은 여성이 많아져서 골다공증이 결코 노인만의 병이 아니게 되었답니다.

뼈는 사용하지 않을수록 점점 약해진대요. 그리고 어릴 때부터 유제품, 작은 생선 등을 통한 적극적인 칼슘의 섭취가 필요하답니다. 물론 운동을 많이 해서 뼈 속의 칼슘을 증가시켜 계속 튼튼하게 해야 되는 거예요.

- 35세를 경계로 뼈의 양이 줄어든다 -

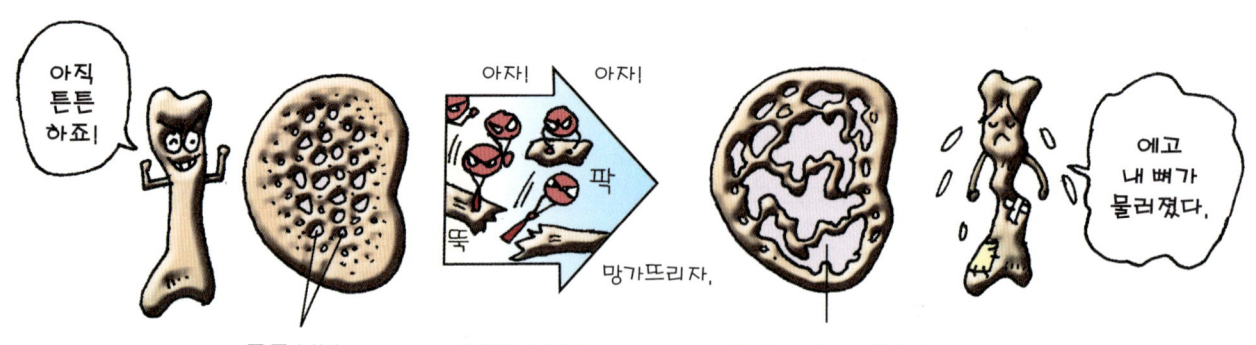

그리고 골다공증이 60세 이상의 여성들에게 많이 나타나게 되는 것은 여성 호르몬의 영향이 크기 때문인데 칼슘이 부족하면 뼈 안에 공동(비어 있는) 부분이 늘어나 뼈가 물러지게 됩니다. 특히 노화에 따라 지탱하는 등뼈가 약해져서 서서히 등이 굽거나 허리가 휘어 걷기가 매우 힘들어진답니다. 이와 같은 증상으로 인해 등뼈나 허리뼈가 눌려 고통스러워하며 허리나 등뼈가 휘기도 하는 거예요. 그래서 할머니가 되면 키가 줄어드는 거랍니다.

- 골다공증은 **폐경** 후 여성에게 많은 병이고, 65세 이상의 여성 두 명 중 한 명꼴로 걸린답니다. -

여성 호르몬의 감소라니 매우 슬픈 일이랍니다.

뼈를 다시 만들어 내는 작업을 보면

골아세포 - 새 뼈를 만들지요!
파골세포 - 헌 뼈를 망가뜨려요!

골다공증 예방법은

젊었을 때 칼슘을 많이 섭취하고 운동을 하면서 뼈를 잘 사용해야 한답니다!

할머니는 키가 왜 자꾸만 작아지는 거예요?

쯧쯧… 속 없는것, 너도 나이 들어 보렴.

- 칼슘 : 우리 몸의 약 25%를 차지하며 대부분이 뼈나 이의 성분을 이룹니다. 근육 및 신경의 기능조절, 혈액응고에 필요함
- 폐경 : 나이가 들면서 남성 호르몬이 감소하면서 여러 변화가 일어나는 증상. 특히, 근육 감소, 지방 증가, 골다공증 등과 관련이 있다.

151

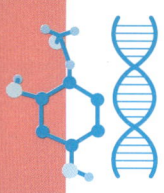

14 - 뼈와 근육

설탕은 뼈를 약하게 한다는데?

달고 맛있는 설탕의 당분은 쉽게 분해되어 흡수되므로 당의 혈중 농도를 빠르게 증가시키며 혈액 속 당분의 농도가 높으면 식욕이 감퇴합니다. 특히 식사 전에 먹으면 당의 혈중 농도가 높아지면 식욕이 현저하게 감소한답니다.

우리가 달고 맛있다고 먹는 설탕을 많이 섭취하게 되면 몸에 해롭습니다.

그 이유는 설탕이 분해될때 체내에서 칼슘 성분이 빠져 나와 이빨을 썩게 하고 뼈를 약하게 만들 뿐만 아니라 몸을 산성으로 만들기 때문이랍니다. 사람의 혈액을 PH 7.4 정도의 약 알칼리성인데 이당류나 포도당 그리고 과당에 대해 알아볼까요?

먼저 이당류는 단당류 두 분자로 이루어진 물질로 물에 잘 녹습니다. 보통 단맛이 있으며 글리코시드 또는 **가수분해** 된 형태로 식물계에 널리 존재하지요. 수크로오스, 락토오스, 말토오스가 대표적입니다.

포도당은 단당류 탄수화물로 천연으로는 D형만 존재합니다. D-글루코스를 포도당이라고 하며 지구상에 여러 형태로 가장 많이 존재하는 **유기물**인데 가수분해 상태로 식물이나 특히 익은 과일에 많답니다.

사람의 혈액은 PH 7.4 정도의 약 알칼리성인데…

건강미가 넘치는데?

- 건강한 사람의 몸은 약 알칼리성이랍니다. -

■ 가수분해 : 무기 염류가 물의 작용으로 산과 알칼리로 분해되는 일을 말함.
■ 유기물 : 유기화합물. 탄소를 주성분으로 하는 화합물을 말함.

벌 꿀이나 올리고당, 다당이나 여러 글리코시드의 주성분입니다. 고등동물의 혈액에 0.1%가 존재해 각 조직의 직접적인 에너지원이 됩니다.

녹말이나 목재, 셀룰로스를 가수분해해서 만듭니다. 영양, 혈압항진 등의 주사용 또는 감미료나 각종 발효 원료로도 사용한답니다.

그리고 과당은 포도당과 함께 단 과일이나 꿀에 많이 함유된 당분으로 '좌선당'이라고도 하고 수크로오스나 이눌린 등의 성분으로 구성되어 있으며 식물계에 널리 분포합니다.

물에 쉽게 녹고 단맛이 아주 강합니다. 효모에 의해 발효되며 감미료나 영양제(특히 당뇨병 환자용)로도 쓰입니다.

그렇지만 당분은 체내에서 쉽게 지방으로 변하므로 비만의 원인이 되기도 합니다. 한 번 비만이 되면 다시 원래 상태로 돌아가기 어렵기 때문에 사전에 예방해야 하는데 어린이들은 당분 섭취를 줄이고 열심히 운동을 해야 합니다.

설탕을 많이 섭취하면 몸에 해로워요.

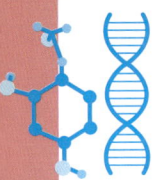

14 - 뼈와 근육

스트레스가 쌓이면 키가 안 큰다는데?

어린이가 무슨 스트레스냐고요?
천만의 말씀입니다.
요즘 어린이들은 엄청난 스트레스 속에서 살고 있지요. 학원에 다니랴, 친구들에게 왕따 당하고, 오락 게임을 하면서, 키가 작아서 등등 많은 스트레스를 받습니다.

어린이는 비온 뒤 새싹들처럼 날마다 쑥쑥 자라야 합니다. 잘 자라기 위해서는 단백질, 칼슘, 비타민, 무기질, 당분, 지방 등 5대 영양소가 골고루 필요합니다. 이 중에서도 특히 단백질은 어린이의 경우 어른보다 3배는 더 필요하며, 우유나 고기에 많이 들어 있습니다.

하지만 당분과 지방은 너무 많이 먹으면 안 됩니다. 사탕이나 과자에 많이 들어 있는 당분은 뚱뚱보가 되기 쉽기 때문입니다.

라면 같은 인스턴트 식품도 롱다리의 적이지요. **인스턴트** 식품은 영양가가 적으면서 당분이나 염분이 많이 들어 있어서 롱다리가 아니라 뚱뚱보가 될 수 있답니다.

키가 크려면

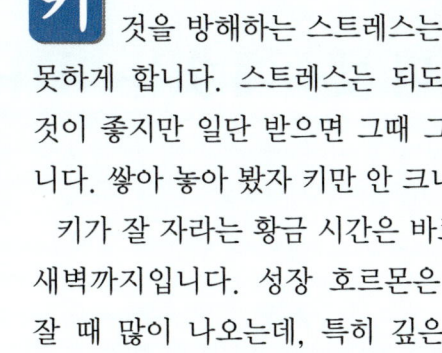

키를 자라게 하는 **성장 호르몬**이 나오는 것을 방해하는 스트레스는 키가 잘 크지 못하게 합니다. 스트레스는 되도록 받지 않는 것이 좋지만 일단 받으면 그때 그때 풀어야 합니다. 쌓아 놓아 봤자 키만 안 크니까요.

키가 잘 자라는 황금 시간은 바로 한밤중에서 새벽까지입니다. 성장 호르몬은 대부분 잠을 잘 때 많이 나오는데, 특히 깊은 잠에 빠졌을 때 가장 많이 나옵니다.

그래서 일찍 자고 일찍 일어나는 것이 키가 잘 크는 비결 중 하나랍니다. 그리고 운동을 하면 더 좋습니다. 운동은 뇌하수체를 자극해 성장 호르몬이 많이 나오게 한답니다. 운동 중에서도 농구, 줄넘기, 탁구, 단거리 달리기, 배드민턴 같은 운동은 성장선을 자극해서 키가 쑥쑥 자랄 수 있게 합니다.

① 스트레스를 안 받고,

② 적당한 운동을 해야 하며,

③ 잠을 충분히 자야 합니다.

- **인스턴트** : 짧은 시간에 손쉽게 요리할 수 있고 저장이나 보존이 간단하며, 이동하거나 휴대가 편리한 식품.
- **성장 호르몬** : 대뇌 밑에 있는 콩알만한 뇌하수체 전엽에서 분비되는 호르몬. 단백질이 주재료이며 체내에서 뼈나 연골 등의 성장뿐 아니라 지방분해, 단백질 합성을 촉진시키는 작용을 하는 물질.

15 - 귀여운 아기

엄마 뱃속에 있는 아기는 어떻게 숨을 쉬나?

생명의 신비인 아기는 어떤 과정을 거쳐 생기는 걸까요? 어른의 몸에 있는 정자와 난자가 만나면 아기씨가 됩니다. 식물의 싹을 키우려면 먼저 흙속에 씨앗을 뿌리듯이 정자와 난자가 만난 수정체가 아기씨가 되는 것입니다.

아기는 엄마 뱃속에서 약 9개월 동안 무럭무럭 자라게 되는데 그 성장 과정을 살펴보면 3주째에 뇌와 심장이 발육하기 시작하고, 5주째에는 팔과 다리가, 6주째에는 눈과 내장이 형성됩니다. 9주째에는 몸길이가 아직 작지만 제법 인간다운 모습을 갖추게 됩니다.

엄마의 혈액 속에서 영양분만이 **탯줄**을 통해 아기의 배꼽으로 들어가서 아기에게 영양을 보급해 주지요.

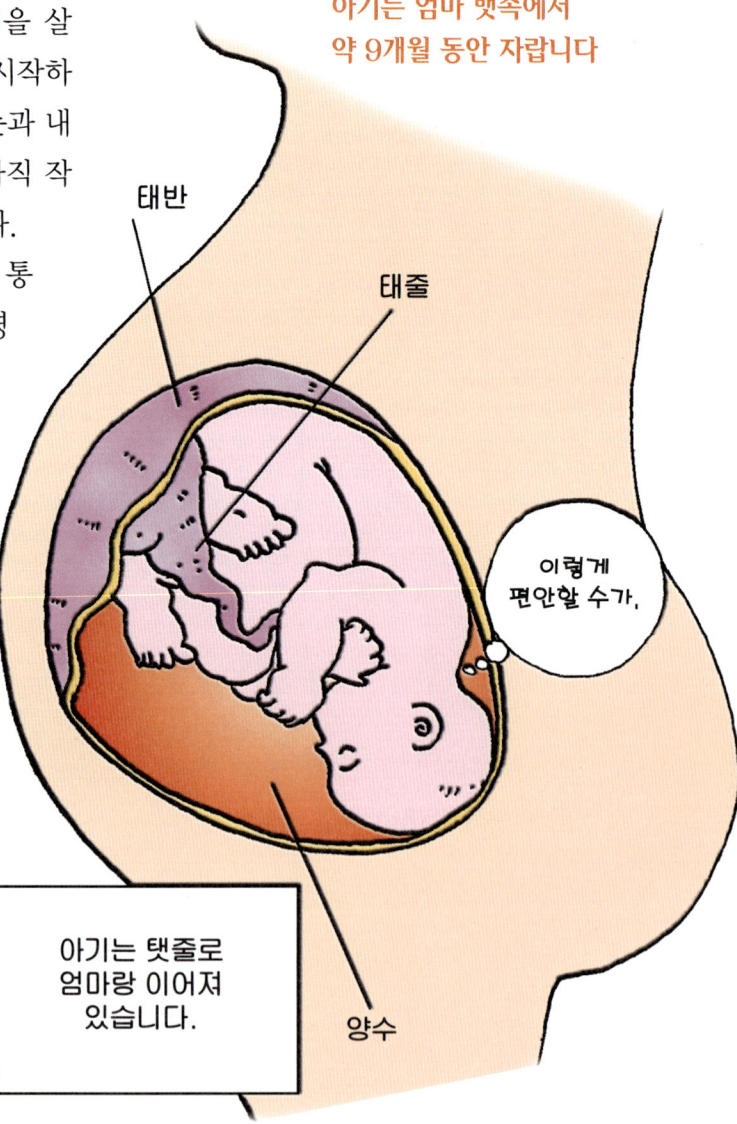

아기는 엄마 뱃속에서 약 9개월 동안 자랍니다

태반

태줄

이렇게 편안할 수가.

아기는 탯줄로 엄마랑 이어져 있습니다.

양수

아기는 태어나면서

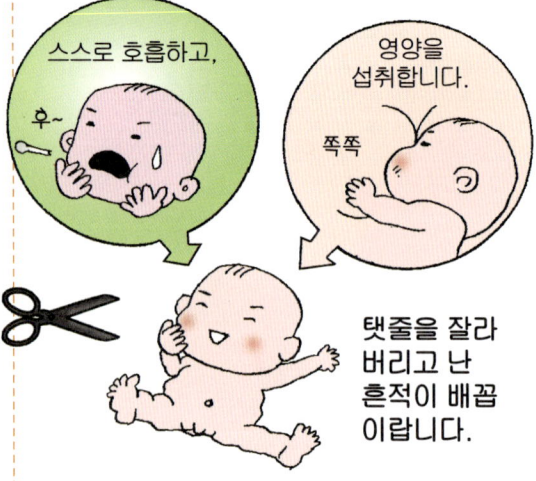

스스로 호흡하고,

영양을 섭취합니다.

탯줄을 잘라 버리고 난 흔적이 배꼽이랍니다.

그러나 아기는 스스로 호흡할 수 없기 때문에 엄마의 혈액에서 영양과 함께 산소를 공급받습니다. 노폐물은 엄마의 혈액으로 되돌려 주게 되는데 이 역할을 하고 있는 태반은 태아를 위하여 단백질 효소, 호르몬을 만들기도 하고 임신을 유지하기 위한 호르몬을 만들며 태아의 혈압 조절과 출산 조절까지 하는 등 아주 우수한 장기 역할까지 해내지요.

엄마의 혈액은 태반에 연결되어 있는 자궁 동맥을 통해 나선 동맥으로 흘러들어 가고 태반의 바깥쪽에 있는 여러 갈래로 갈라진 융모 사이에서 힘차게 퍼져 나가는데 융모의 표면적은 10~14㎡나 되는 광대한 것이랍니다. 이 표면의 세포에 의하여 엄마의 혈액과 물자와 가스 교환이 이루어지는 구조로 되어 있지요.

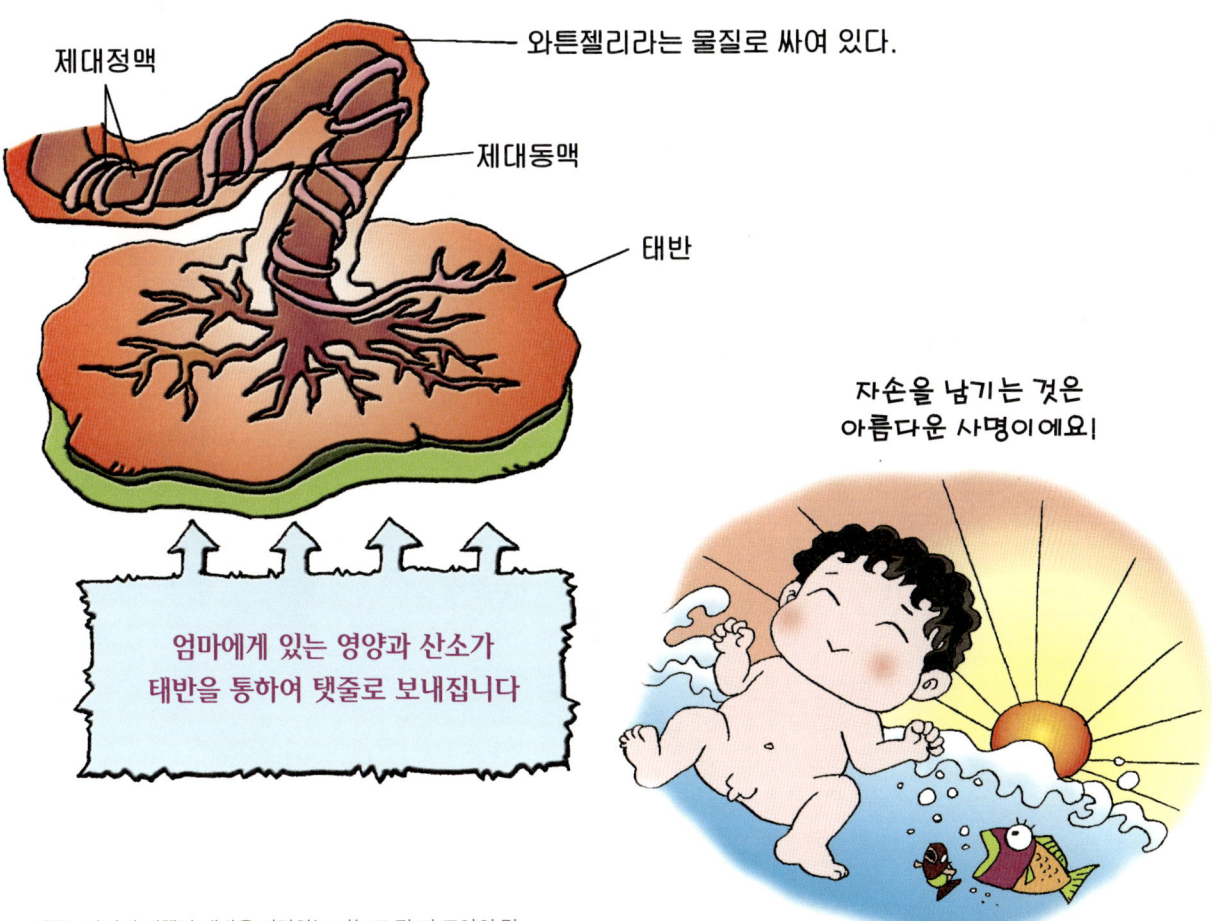

- 탯줄 ; 아기의 배꼽과 태반을 연결하는 가늘고 긴 띠 모양의 것.
  아기가 엄마의 뱃속에서 필요한 산소와 영양을 공급받을 수 있게 해주는 역할을 합니다.
  어른의 기도나 식도라고 생각하면 됩니다.

15-귀여운 아기

아기가 침을 많이 흘리는 이유는?

사람은 누구에게나 침샘이 있는데 이 침샘은 쉬지 않고 침을 분비합니다. 입안에 있는 침샘에서는 하루에 음료수 페트병 한 병 정도의 침이 분비되며 침은 음식물을 녹여서 혀가 맛을 느낄 수 있도록 도와주는 일도 한답니다.

침은 입안을 청결하게 유지하고 탄수화물의 소화를 돕기도 합니다. 또 침은 입안에 침입한 세균을 잡는 일도 하고 있습니다. 특히 갓난아기들이 침을 많이 흘리는데 침 즉, 타액의 분비량은 인간의 일생 중 유아기에 가장 많기 때문에 입속이 언제나 침으로 가득 고여 있는 아기들도 있답니다.

엄마 내 동생이 침을 너무 많이 흘려요.

그건 타액의 분비량이 유아기에 가장 많기 때문에 그러는 거야.

■ 제왕절개란 : 수술을 하여 아기를 낳는것을 말합니다. 이 수술로 태어난 최초의 아기는 로마의 카이사르 황제였대요. '카이사르' 는 라틴어로 '절개하다' '째다' 라는 뜻이랍니다.

이것은 타액 속에 단백질 분해 효소와 상피세포, 증식인자가 가득 함유되어 있기 때문이며 아기의 내장은 미숙하기 때문에 위나 장관에서의 전체 소화 흡수를 타액으로 돕고 있기 때문입니다. 그런데 아기는 타액을 구멍으로 삼키는 기능이 아직 서투르기 때문에 입 밖으로 흘리게 되는 것이랍니다.

미숙아 등 자기 힘으로 젖을 빨지 못하는 경우 코에서 위까지 튜브를 넣어 젖을 먹이게 됩니다. 이렇게 되면 타액이 나오는 양이 부족할 수도 있습니다. 그러므로 인공 유두(젖꼭지)를 빨게 해서 타액을 많이 나오게 하는 방법을 사용하고 있답니다.

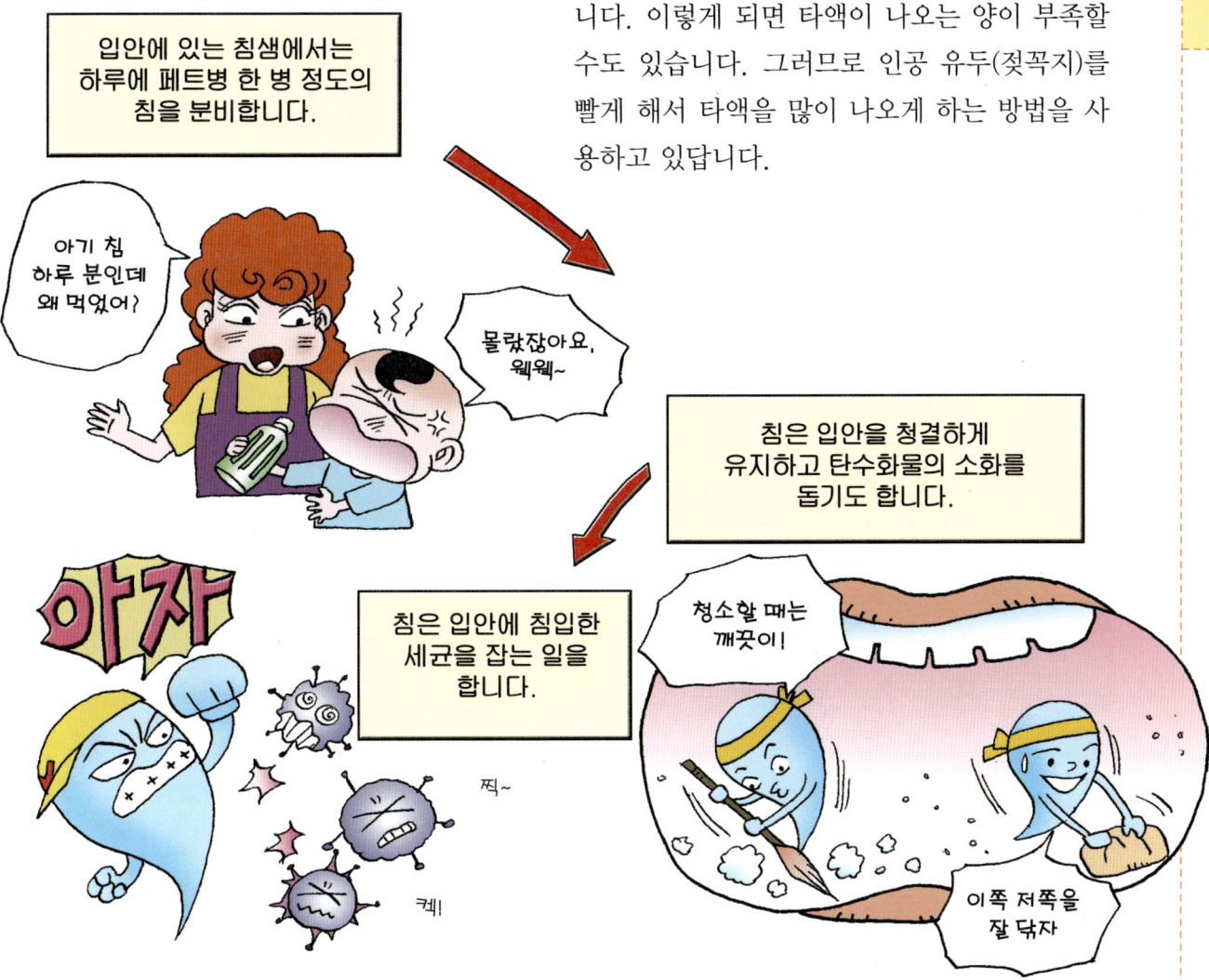

16-감기

왜 감기에 걸리는 걸까?

누구나 평생에 한 번 이상 걸리는 병은 아마 감기일거예요.
아니 한 번 뿐 아니라 일 년에도 몇 번씩 걸리고 일 년 내내 감기를 달고 사는 사람도 있겠지요.
감기에 걸리게 되면 목구멍이 아프고 턱 아래의 림프선이 붓는 수가 있답니다.

감기는 감기 바이러스에 의해 걸리게 되는데 이 바이러스는 약 200종이나 되며 많은 종류의 바이러스를 일일이 죽일 수는 없답니다.

영국의 한 연구소에서는 많은 돈과 시간을 투자해서 감기를 연구했으나 결국 치료약을 만들어 내는 데는 실패하고 말았습니다.

> 감기는 바이러스나 세균에 의하여 기도상부에 염증 따위가 생기는 것을 말합니다

공기가 통하는 길을 기도라고 하며 그 가운데 코, 입, 목 등을 기도상부라고 한답니다.

특히 겨울에 감기가 잘 걸리는 이유는 감기 바이러스가 건조한 곳을 좋아하기 때문이기도 하지요. 습도가 50%만 넘어도 대부분의 감기 바이러스는 활동을 하지 못한답니다. 그리고 환절기에 감기가 잘 걸리는 것은 몇 종류의 감기 바이러스에게 살기 좋은 조건이 되기 때문입니다.

감기를 치료할 수 있는 약이 없듯이 불행하게도 감기 예방법도 없습니다. 하지만 우리가 일상생활에서 몇 가지만 주의해서 감기에 걸리지 않는 것이 좋겠지요.

첫째, 사람이 많은 곳에 되도록 가지 않는 것이 좋습니다.

둘째, 외출했다가 돌아왔을 때는 꼭 손발을 씻고 양치질을 해야 합니다. 감기 바이러스는 손과 발 또는 입을 통해 침입하기 때문입니다.

셋째, 감기에 걸리면 물을 많이 마셔야 합니다. 탈수증을 막기 위해서랍니다.

넷째, 잠을 충분히 자고 영양가가 있는 음식을 먹어야 합니다. 감기 바이러스는 몸이 피곤하거나 영양이 부실했을 때 잘 침투하기 때문이지요.

감기가 싫어하는 것은

깨끗한 환경

풍부한 영양섭취

물을 충분히 섭취합니다.

편안한 잠

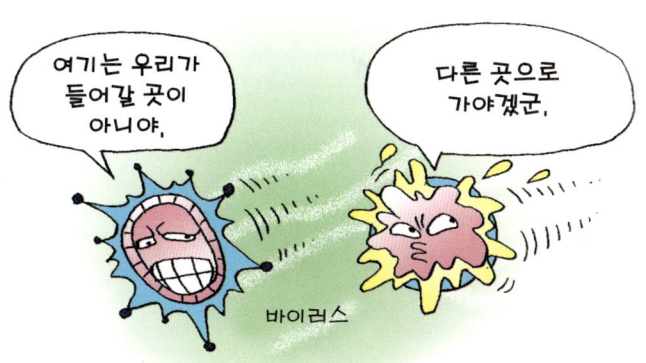

여기는 우리가 들어갈 곳이 아니야.

다른 곳으로 가야겠군.

바이러스

16-감기

감기와 독감은 다르다는데?

감기는 보통 길어도 1주일이면 회복되지만 독감은 15일에서 한 달간 우리 몸에 머물며 괴롭힌답니다. 독감은 체력을 저하시킨 다음에 폐렴이나 기관지염 등 또 다른 합병증을 불러오기도 하지요.

리노 바이러스와 아데노 바이러스 그리고 수백 종에 이르는 병원균이 원인입니다.

독감에 의한 사망률이 높은 이유는 합병증의 발병률이 높기 때문입니다. 특히 노인들이나 어린이들처럼 저항력이 떨어지는 사람들은 독감에 걸려 시름시름 앓다가 기력이 다하여 죽기도 합니다. 그래서 노인들과 어린이들은 해마다 필히 독감 예방주사를 맞아야 합니다.

사람들은 보통 감기와 독감이 같다고 생각하기 쉬운데 감기는 주로 리노 바이러스와 아데노 바이러스 그리고 또 수백 종에 이르는 병원균이 원인이지만, 독감은 '인플루엔자' 라는 바이러스에 의하여 걸리게 됩니다.

인플루엔자라는 바이러스에 의하여 걸리게 됩니다.

그러므로 독감은 같은 바이러스 감염인데도 홍역이나 풍진처럼 한 번 앓고 나면 면역이 생겨서 다시 감염되지 않는 병이 아니랍니다.

인플루엔자 바이러스가 끊임없이 변형되기 때문에 보통 한 해에 두 번 앓을 수도 있고 일 년 내내 독감에 시달림을 당할 수도 있어요.

독감의 증세는 나이의 연령에 따라 바이러스의 유형에 따라 다양하며 기침이나 고열 그리고 콧물 등과 같은 감기 증상에 근육통과 두통 등을 동반하기도 합니다. 심하면 탈진이나 탈수현상을 보이고 결막염이 나타나기도 하면서 열이 올랐다 내렸다 하는데 열이 2주일 동안 지속될 경우 통증을 호소하거나 숨이 가빠지면서 몸이 붓는 수가 있으므로 즉시 병원으로 가서 꼭 치료를 받아야 합니다.

독감에 걸렸을 경우

- 결막염이 나타나며,
- 근육통과 두통을 동반하며,
- 기침이나 고열 그리고 콧물 등이 나고,
- 심하면 탈진이나 탈수현상을 보이고,
- 열이 올랐다 내렸다 2주 동안 지속될 경우,
- 통증을 호소하거나 숨이 가빠지면서 몸이 붓는 수가 있습니다.
- 즉시 병원으로 가서 꼭 치료를 받아야 합니다.

17-건강한 생활, 노화

잠은 왜 꼭 자야만 할까?

잠은 왜 꼭 자야 할까요? 한 가지 이유는 에너지 보전입니다. 몸을 움직이지 않고 체온을 낮추어 낮 동안 고갈된 에너지를 충전한다는 것이지요. 포유류와 새들은 체온을 유지하느라 막대한 에너지를 쓴답니다.

뇌가 잠을 필요로 하는 것은 잠자는 동안 뇌의 의식 스위치를 끈 다음 잡동사니 기억을 제거하고 새 정보를 갈무리하는 등 집단 정돈을 한다는 것입니다. 이런 기능을 하는 잠이 꿈을 꾸며 눈동자를 빠르게 움직이는 렘 수면이랍니다.

이때 뇌는 깨어 있을 때처럼 맹렬한 활동을 벌입니다. 렘 수면을 하면서 낮에 일시 저장한 정보를 영구보존하기 위한 포장작업이 이루어진다는 연구결과도 있습니다. 장애물 통과 훈련을 한 쥐나 시험 공부에 몰두한 학생은 이날 밤 렘 수면이 왕성해진답니다.

잠 부족은 현대인의 숙명이지요. 심리학자 스탠리 코렌은 현대문명을 잠 도둑이라고 불렀습니다. 영장류 가운데 사람이 잠을 가장 짧게 잔답니다. 침팬지는 10시간, 고릴라는 12시간을 자고, 가장 긴 잠을 자는 박쥐는 하루에 무려 20시간을 잡니다.

■ 아기의 잠자기 : 태어난 지 1~2개월 되는 아기들은 젖 먹는 시간과 울 때를 빼고는 거의 잡니다. 아기 때에는 많이 잘수록 잘 자라고 건강하다고 합니다.

말이나 소 등 초식동물들은 하루에 3~4시간 밖에 자지 않지만 대신 긴 시간 동안 졸기도 합니다. 호흡을 위하여 늘 헤엄쳐야 하는 돌고래와 바다표범은 겉보기에는 잠을 자지 않는 것 같지만 양쪽 뇌가 번갈아 자는 사실이 뇌파 조사를 통하여 밝혀졌습니다. 파충류와 양서류 그리고 어류도 비슷한 상태를 보이고 심지어 곤충도 잠을 잔답니다.

몸의 모든 기관은 잠을 통하여 쉬어야 다시 일어났을 때 활기차게 일할 수 있는 거예요. 잠자는 시간이 아깝다고 생각되면 하루만이라도 잠을 자지 말아보세요. 다음날 머리는 멍하고, 밥맛도 없고, 소화도 안 될 거예요. 그리고 걸을 힘도 없고 책을 봐도 도무지 눈에 잘 들어오지 않을 거예요. 이유는 쉬어야 할 몸이 쉬지 못해서 그런 거랍니다.

우리는 일생의 3분의 1을 잠으로 보냅니다. 사람은 하루 24시간 중에서 적어도 8시간은 잠을 자야 한답니다.

침팬지는 하루에 10시간 잠을 잡니다.

고릴라는 하루에 12시간의 잠을 잡니다.

박쥐는 하루에 20시간을 잡니다.

초식동물들은 하루에 3~4시간 자는 대신에 낮에는 존답니다.

17-건강한 생활, 노화

우리의 건강을 잠자는 모습을 보고도 알 수 있다는데?

사람들의 잠자는 모습을 보면 여러 가지 모습이나 행동을 하며 자는 경우가 많습니다.

어떤 사람은 잠들기 직전이나 새벽녘에 기침을 하기도 하는데 그것은 낮보다 밤에 체내에 이산화탄소가 많이 쌓여 있기 때문이지요.

그런데 수면 중에는 하품 등으로 산소를 보충할 수도 없기 때문에 호흡기가 더 민감하게 반응을 하게 됩니다. 정신적인 스트레스가 아주 심한 경우에는 이를 갈기도 하는데 비염이나 천식과도 관련이 있을 수 있으며 비염이 있으면 잘 때 입안이 가려운 증상이 수반되기 때문이지요.

잠자는 모습으로 나의 건강을 알아보세요.

잠자기 전이나 새벽녘에 기침을 하는 사람은

체내에 이산화탄소가 많이 쌓였기 때문입니다.

자면서 코를 고는 사람은

코의 점막이 충혈되었거나 염증이 있고 또는 비만일 경우입니다.

자면서 이를 가는 사람은

비염이나 천식과도 관련이 있습니다.

얕은 잠을 자는 사람은

폐질환 등이 있을 수 있어요.

무릎 사이에 무엇인가 끼고 자는 사람은

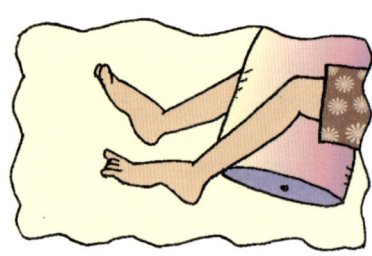

하지초조증이나 불안감을 가지고 있을 수도 있습니다.

또 폐질환 등이 있으면 숨이 답답해지면서 심리적인 압박감이 찾아와 수면 내내 얕은 잠을 자게 되는데 만성 폐쇄성 폐질환자의 경우 하룻밤 사이에 많게는 무려 30번 정도 잠에서 깨는 수도 있답니다.

무릎과 무릎 사이에 베개나 이불을 끼고 자야 잠을 잘 수 있다는 사람들은 하지초조증이나 불안감을 가지고 있다는 것을 의심해 봐야 합니다.

하지초조증이란 수면 도중 자신도 모르게 다리 근육이 일정 리듬으로 떨리면서 발을 움찔거리는 것을 말하는데 이는 수면장애의 일종으로 수면을 방해하고 낮에는 심한 피로감을 불러일으킬 수도 있습니다.

그리고 코 점막이 충혈됐거나 염증이 있을 경우 공기가 드나드는 통로가 좁아져 코골이 증상이 나타나기도 하는데, 이것은 코에 염증이 있거나 비만일 경우도 있지요.

새벽녘에 배가 아파서 잠이 깼다면 십이지장궤양을 의심해 봐야 합니다. 이렇게 사람들의 잠자는 모습으로 각자의 건강을 알아볼 수 있답니다.

새벽녘에 배가 아파 잠을 깨는 사람은
아야~ 배 아파!

십이지장궤양을 의심해 봐야 합니다.

뚱뚱한 사람이나 연구개가 큰 사람도 코를 잘 골아요.

17 - 건강한 생활, 노화

비만은 정말 끔찍해!

요즘 초등학교에서는 다섯 명 가운데 한 명꼴로 비만 어린이가 있는데 최근에는 10년 사이에 두 배나 늘었다고 합니다.

우리나라뿐 아니라 세계에서도 비만 인구가 5년마다 두 배씩 늘어나고 있답니다. 세계보건기구(WHO)는 비만을 치료가 꼭 필요한 만성질환이라고 경고합니다.

비만은 지방세포 수가 증가하거나 크기가 커져 몸 속에 너무 많이 쌓여 생기는 것으로 어린이들은 지방세포의 크기도 커지고 수도 많아집니다. 자라는 속도가 빨라 세포수도 급속도로 늘어나지요. 그러나 일단 생긴 지방세포는 살이 빠져도 줄어들지 않습니다.

비만에 걸리면 이렇게 되기 쉬워요.

- 어릴 때 비만이면 평생 비만에 걸리기 쉬워요.
- 다른 친구들보다 키가 크지 않을 수 있습니다.
- 비만인 사람은 고혈압, 심장병, 당뇨병, 신장병 등에 걸리기 쉽습니다.
- 폐활량이 감소되어 산소 부족으로 머리가 아픕니다.
- 겨드랑이나 허벅지 사이 등 살이 겹치는 부분이 자주 곪아요.
- 심장에 부담을 주고 호흡장애를 일으킬 수 있어요.
- 남자아이는 유방이 커지고 여자아이는 엉덩이가 커집니다.
- 매사에 적극적이지 못하고 학교 공부에 영향을 미칠 수 있어요.

클린턴은 미국의 대통령에 당선되고 나서 운동량이 부족해지자 체중이 많이 늘었는데 부인인 힐러리 여사는 남편이 위험수위에 이르렀다고 판단했습니다.

클린턴이 햄버거를 워낙 좋아해서 끊을 수가 없자 궁여지책으로 생각해낸 것이 고기처럼 만든 가공 콩이었답니다. 햄버거 공장을 찾아간 힐러리는 그곳에 특별히 부탁해 가공 콩으로 햄버거를 만들었습니다. 그 햄버거를 꾸준히 먹은 클린턴은 살이 빠지기 시작하여 원래의 모습을 되찾게 됐답니다.

살을 빼는 것은 찌는 것보다 몇 십 배 더 힘이 듭니다. 먹을 때는 즐겁지만 뺄 때는 괴롭습니다. 비만이 되지 않으려면 꾸준한 운동이 필요하고 혼자 하기 힘들 때는 병원의 비만 클리닉을 이용해야 합니다.

비만에 걸리지 않으려면

17-건강한 생활, 노화

암을 예방하는 된장?

메주로 담근 간장을 걸러낸 건더기를 재료로 한 된장은 한국 음식의 기본 조미료이면서 아미노산이 풍부한 식품입니다. 재래식 된장은 간장을 담근 지 약 한 달 후에 메주를 꺼내 소금을 넣어 삭혀서 만듭니다. 이밖에 공장에서 만드는 된장은 콩 등의 잡곡을 **누룩곰팡이**나 뜸팡이 따위로 삭혀서 만듭니다.

우리가 즐겨 먹는 된장에는 수분, 단백질, 지방, 탄수화물과 비타민 B_1, B_2 등이 들어 있어서 된장국에는 위암을 비롯한 위궤양과 심장병 등의 예방 및 치료에 놀라운 효과가 있지요.

두부를 넣어 찌개를 끓일 때 독특한 냄새와 맛을 내는 청국장은 단백질, 지방, 탄수화물, 섬유질 등을 비롯해 칼슘과 철분, 그리고 비타민 B_2 등이 들어 있답니다.

된장을 자주 먹어주는 사람은 안 먹는 사람에 비하여 위암 발생률이 3배나 낮고 특히 된장을 자주 먹으면 해독작용에 큰 효과를 볼 수 있습니다.

> 된장은 항암, 변비, 노화방지, 당뇨개선, 비만 등에 최고랍니다.

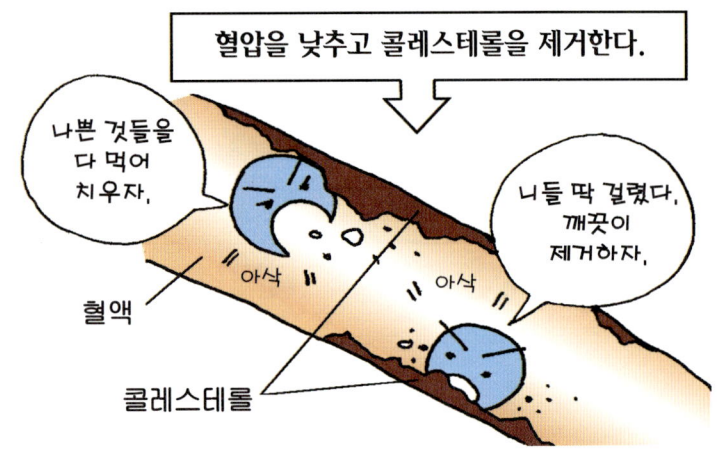

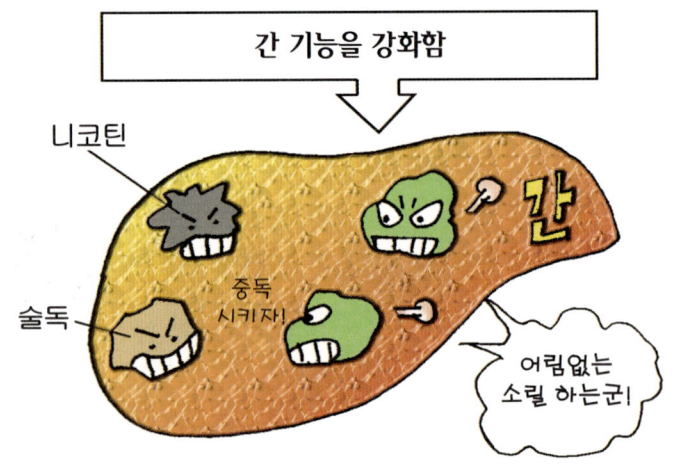

■ 누룩곰팡이 : 보통 섭씨 37도에서 잘 번식하며 녹말을 설탕으로 분해하는 아밀라아제 작용을 하여 청주, 감주, 간장, 된장 등에 쓰이는 누룩을 만드는 데 쓰입니다.

제래식 된장 만드는 법

된장을 이용한 찜질 방법도 있으며, 된장을 거즈에 4~5cm 정도 넓이로 발라 배꼽을 뺀 부분에 붙여주면 장의 통증을 말끔히 사라져요.

된장의 성분 중에서 항암효과가 있는 물질은 아직 구체적으로 밝혀지지 않았는데 된장이 발효되면서 생긴 불포화 지방산의 일종인 리놀산일 것으로 추측되고 있답니다.

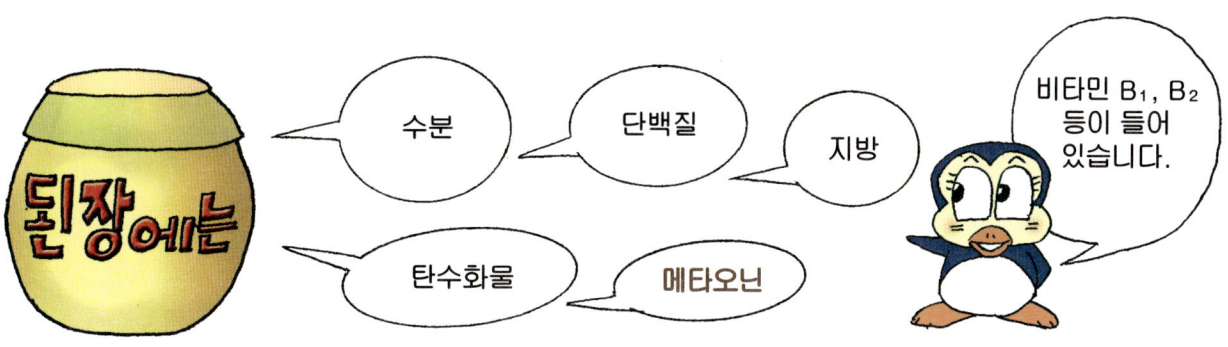

■ 메타오닌 : 간장이나 치즈 등 발효식품의 향기는 메타오닌에서 유도되는 알데히드, 알코올, 에스테르 등에 의한 것이랍니다.

17-건강한 생활, 노화

마늘이 노화 예방에 최고라는데?

마늘은 양념으로 쓰이기 위해 논밭에 심어 가꾸는 여러해살이 채소로 서아시아가 원산지입니다.

땅 속의 둥근 비늘 줄기는 3~4쪽으로 되어 있고 여름에는 긴 마늘종이 나와서 꽃을 피우기도 하지요. 보통 가을에 마늘쪽을 심습니다.

마늘은 **페니실린**보다 강한 살균, 항균 작용을 합니다. 결핵균이나 콜레라균 그리고 이질균과 장티푸스균 등에 강력한 살균작용을 하고 항암이나 심장병 및 **각기병** 예방에 노화방지에 효과적입니다.

무엇보다 마늘이 가지는 큰 효과는 적혈구 수를 증가시켜 몸 속에 신선한 혈액을 공급하고 세포 노화를 막는 것이지요. 또한 체력을 증진시켜 성인병의 가장 큰 주범인 암이나 심장 질환, 뇌혈관 질환을 예방한답니다.

마늘은 노화 예방뿐 아니라!
- 적혈구 증가와 신선한 혈액공급
- 위액 분비 활발, 소화 촉진
- 식욕증진
- 변비예방
- 세포의 노화방지
- 강장, 강정 혈압강하
- 신경통 완화
- 뇌혈관 질환 예방
- 암이나 심장 질환 등을 예방

■ 페니실린 ; 1928년 플레밍이 발견했으며 1940년에 치료용 주사제가 등장 했어요.
■ 각기병 ; 우리 몸에 B,이 모자랄 때 생기는 병이랍니다. 특히 다리에 힘이 없어지거나 운동마비가 온다고 합니다. B,이 많이 들어 있는 식품은 말린 곡식류와 돼지고기랍니다.

마늘은 비타민 B₁과 결합해 흡수를 촉진시키기 때문에 피로회복이나 체력증진의 강장 작용도 합니다. 마늘 껍질을 벗길 때 나오는 알리신이라는 물질은 황을 포함한 휘발성 물질로 암이나 동맥경화 그리고 노화의 원인인 물질을 제거하는데 효과가 매우 뛰어납니다.

그러나 생마늘은 시력을 약화시키고 간이나 위의 기능을 저하시킬 우려가 있으므로 너무 많이 섭취하는 것은 주의하여야 합니다.

마늘은 각기병 예방이나 노화를 방지해줍니다.

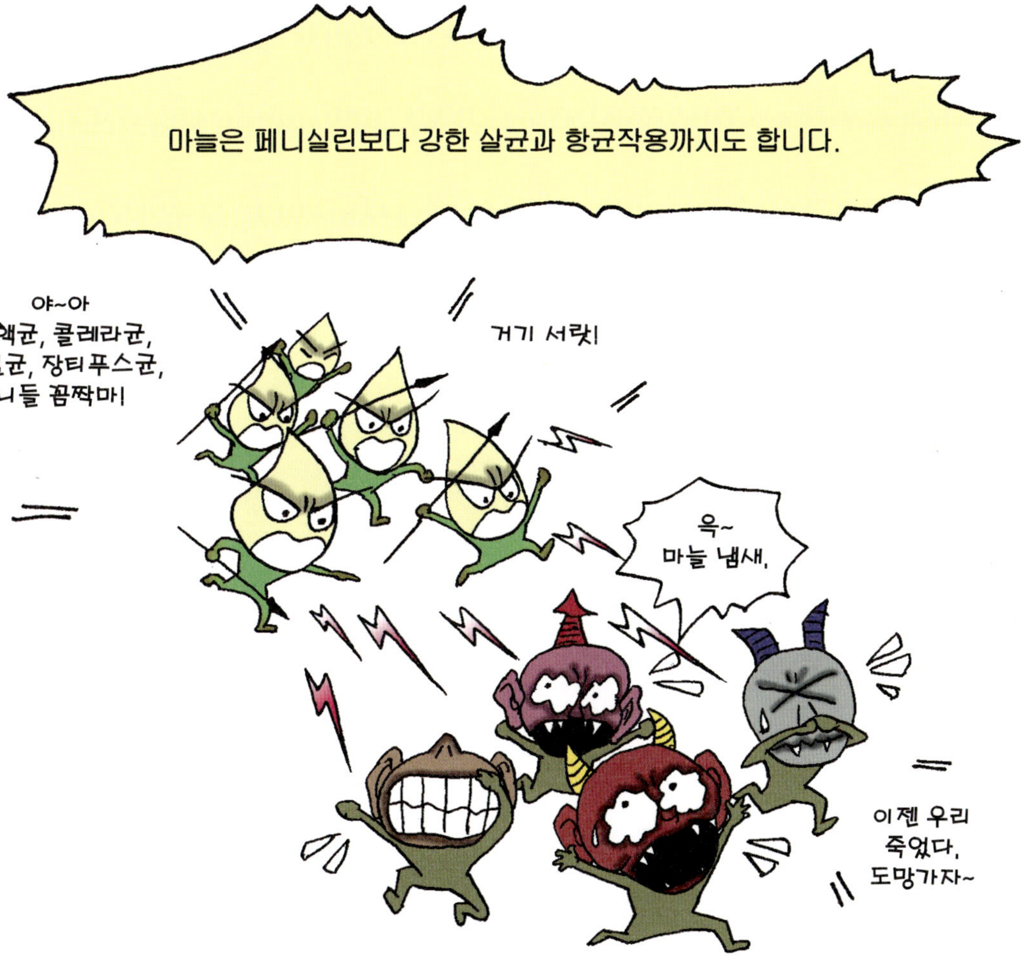

마늘은 페니실린보다 강한 살균과 항균작용까지도 합니다.

야~아 결핵균, 콜레라균, 이질균, 장티푸스균, 너들 꼼짝마!

거기 서랏!

욱~ 마늘 냄새.

이젠 우리 죽었다, 도망가자~

우리 몸을 튼튼하게 해주는 음식들

오징어 머리가 똑똑해져요.

조선시대의 정약전이 쓴 〈자산어보〉에 보면 오징어가 물 위에 죽은 척하고 떠 있다가 날아가던 까마귀가 죽은 줄 알고 쪼려고 할 때 발로 감아 물속으로 끌고 들어가 잡아먹었다고 합니다. 꾀가 많은 오징어는 실제로 머리를 좋게 만드는데요. 오징어(말린 것)에는 쇠고기의 2배, 우유의 7배나 되는 타우린이 들어 있고 단백질이 풍부하답니다. 이 두 영양소는 뇌세포 형성에 기본이 되는 물질이랍니다.

양파 당뇨병과 뇌출혈을 예방한다.

양파에는 강렬하게 톡 쏘는 휘발성 물질이 있는데 이 성분은 혈액 순환을 좋게 해서 뇌로 쏠린 혈액을 분산시킨답니다.
그래서 걸핏하면 흥분하고 화를 잘 내고 불면증에 시달리는 사람에게 좋아요. 1세기 그리스에서는 올림픽에서 운동선수들의 체력을 위해 양파를 생으로 먹거나 주스를 만들어 먹었으며 심지어는 즙을 몸에 발랐다고 하는군요.

가지 퇴계 이황 선생이 장수한 비결!

가지 특유의 보라색은 안토시아닌이라는 색소인데요. 이 색소는 동맥에 침전물이 생기는 것을 막아 주어 심장병과 뇌졸중을 예방하는 효과가 있답니다. 93%가 수분이고 워낙 흔하고 값싼 채소이다 보니 영양도 별로일 것이라고 생각하는 사람이 많은데, 비타민 C 함량은 오이와 같은 수준이고 다양한 생리활성 성분이 보고되고 있어서 우수한 식품으로 떠오르고 있답니다.

표고버섯 만병의 근원, 스트레스를 해소한다.

표고버섯에 있는 멜라닌이라는 색소 성분이 뇌 중심부에 작용하여 자율신경을 안정시켜주기 때문에 많이 먹으면 정신을 안정시켜 몸과 마음을 편안하게 해줍니다. 서양 속담에도 "표고버섯을 파는 사람은 무병장수한다"란 말이 있습니다. 중국의 진시황, 로마의 폭군 네로도 버섯을 즐겨 먹었다는데요. 버섯을 따오는 사람에게 그 무게만큼의 황금을 주었다는 얘기가 있을 정도랍니다.

몸에 좋은건 다 있구나!

쑥 들판의 해독제.

쑥은 단군신화에도 나옵니다. 쑥은 몸 속에 있는 독성 노폐물을 몸 밖으로 내보내 간을 깨끗하게 해주는데요. 간이 깨끗해지면 피로도 해복되고 체력 증진에도 효과가 있지요. 제2차 세계대전 때 히로시마 원자폭탄 잿더미 속에서 가장 피어오른 식물도 쑥이었다네요.
쑥은 무기질과 비타민이 아주 많아서 많이 먹게 되면 저항력이 강해지고, 비타민 C도 많아서 감기 예방과 치료에도 좋습니다. 칼슘과 철분도 아주 많이 들어있다네요.

양배추 3대 장수식품.

양배추는 칼슘이 풍부하기 때문에 뼈를 튼튼하게 해준답니다. 동물성 식품보다는 흡수율이 낮지만, 살찔 염려 없이 얼마든지 많이 먹을 수 있고 소화가 아주 잘 되는 채소랍니다. 뼈를 다치기 쉬운 노인이나 인스턴트 음식만 좋아해서 뼈와 이가 약해진 성장기 어린이에게 꼭 필요한 식품이지요.
양배추는 올리브, 요구르트와 함께 3대 장수식품으로도 뽑힌답니다.

다시마 배변에 좋아요.

음식물을 먹게 되면 소화가 되고 소장에서는 영양소가 흡수되고, 대장에서는 주로 수분을 흡수합니다. 나머지는 대변으로 직장에 도달하면 직장의 벽이 넓어지면서 대변을 보고 싶은 것을 느끼게 되는데요. 그러나 장의 운동 능력이 떨어지면 대변이 장에 장기간 머물게 되어 수분량이 줄어들면서 변비가 생기게 됩니다.
다시마처럼 식이섬유소가 많은 음식은 변의 양을 증가시키고, 대장 운동을 원활하게 해주기 때문에 쉽게 변을 볼 수가 있는 거예요.

감자 다이어트에 좋아요.

독일의 시인이자 극작가인 괴테는 감자를 '신의 혜택' 이라고 했으며, 독일에서는 '채소의 왕' 이라고 부릅니다. 주로 밥 대신 먹었던 감자는 칼로리는 밥의 2분의 1밖에 되지 않으면서 칼륨과 비타민 B1, 비타민 C가 풍부하고 섬유질도 많아서 다이어트 식품으로 아주 좋습니다.
식물성 섬유질인 펙틴 성분도 많아서 변비 치료와 예방에도 효과적이랍니다.

호두 노화방지에 우수해요.

호두에는 비타민 E가 많아서 늙는 것을 막아준답니다. 양질의 지방이 70%나 차지하고 있고, 호두 안에는 기억력을 좋게 하고 피부의 수분 손실을 예방하고 피부막을 재생시키는 등 미용과도 관계가 깊은 리놀레산과 리놀렌산 등의 필수지방산이 아주 많습니다.
우리나라 속담에는 호두를 하루에 한 개씩 먹는다면 40대는 10년, 50대는 5년을 장수한다고 했어요.

무엇보다 음식을 가리지 않고 골고루 먹는 습관이 중요하답니다!

그렇고 말고!

인체 과학 상식
똥은 어떻게 나오는 걸까?

펴낸이 : 임화순
펴낸곳 : 신인류
등 록 : 제22-1424호
주 소 : 서울 노원구 상계5동 429-21
전 화 : 02-938-5828
팩 스 : 02-932-3537

초판 인쇄 : 2006년 3월 5일
초판 발행 : 2006년 3월 10일

글·그림 : 김복용
감 수 : 김영선
편집, 디자인 : design FUN

잘못된 책은 바꾸어드립니다.
Printed in KOREA

가격 8,500원